Couverture inférieure manquante

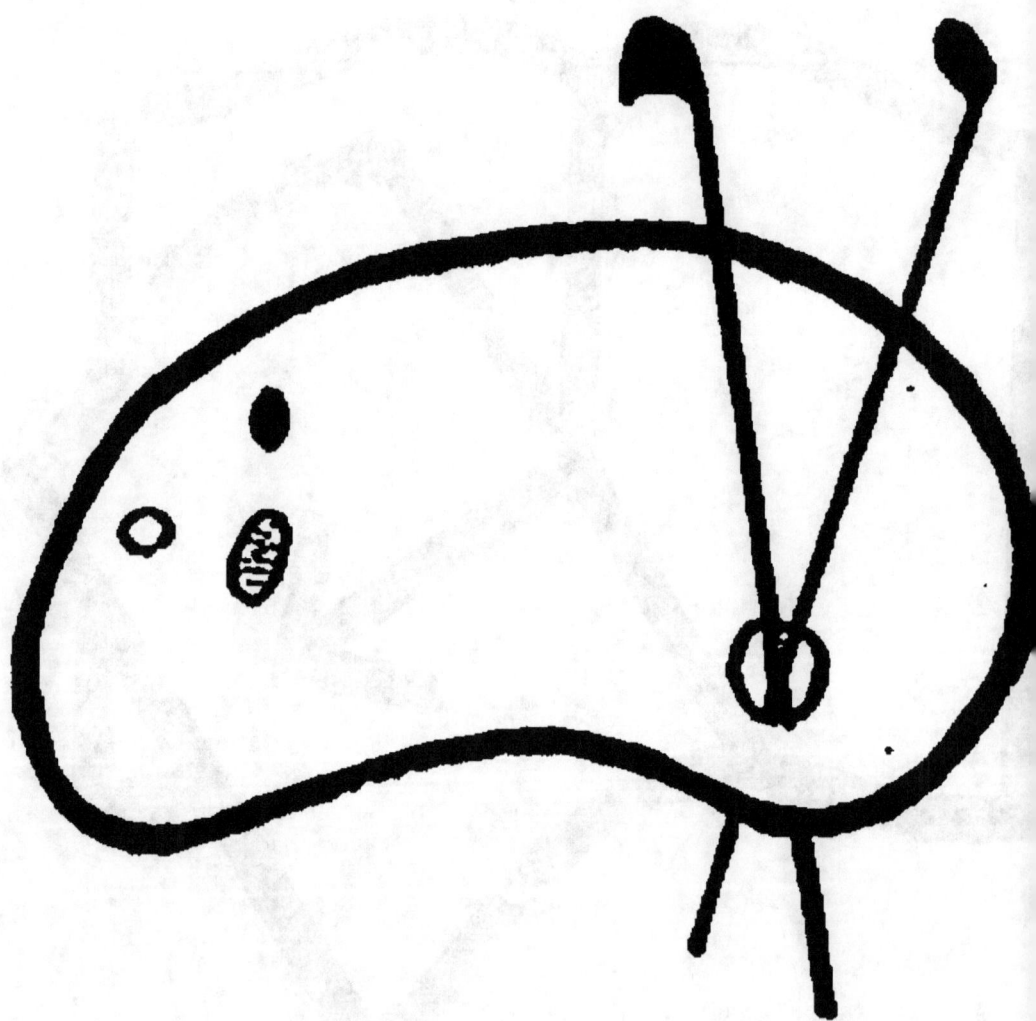

DEBUT D'UNE SERIE DE DOCUMENTS
EN COULEUR

LES

SEPT-SAINTS

DE BRETAGNE

ET

LEUR PÈLERINAGE

PAR

J. TRÉVÉDY

Ancien Président du Tribunal de Quimper
Vice-Président honoraire de la Société Archéologique du Finistère

SAINT-BRIEUC

IMPRIMERIE DE RENÉ PRUD'HOMME, ÉDITEUR

1, Place de la Préfecture, 1

1898

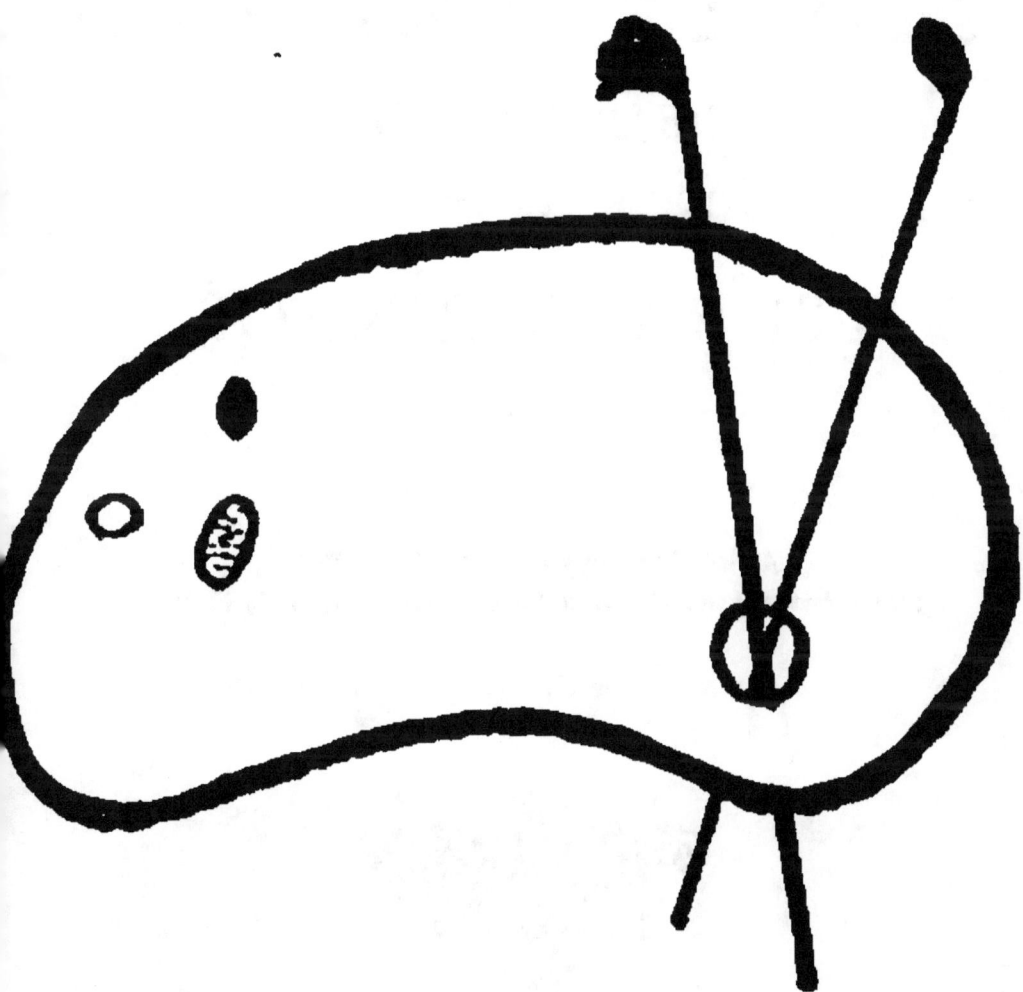

FIN D'UNE SERIE DE DOCUMENTS
EN COULEUR

LES
SEPT-SAINTS

DE BRETAGNE

ET

LEUR PÈLERINAGE

PAR

J. TRÉVÉDY

Ancien Président du Tribunal de Quimper
Vice-Président honoraire de la Société Archéologique du Finistère

SAINT-BRIEUC

IMPRIMERIE DE RENÉ PRUD'HOMME, ÉDITEUR

1, Place de la Préfecture, 1

1898

LES

SEPT-SAINTS DE BRETAGNE

et

LEUR PÈLERINAGE

———

Au Congrès de Saint-Brieuc, en 1896, j'essayais de tracer la voie Romaine du fond de la baie de Saint-Brieuc à Morlaix. Les recherches dont je présentais le résultat m'avaient fait retrouver des fragments de ce chemin que Lobineau signale « au travers de la Bretagne, pavé, fait exprès, appelé pour cela *le chemin des Sept-Saints* (1). » Ces constatations m'induisirent à étudier le *pèlerinage des Sept-Saints de Bretagne*, si célèbre au moyen-âge, et si peu connu aujourd'hui. En avançant dans cette étude, j'osai croire, jugeant un peu des autres par moi-même, que le résultat de ces recherches pourrait n'être pas dénué d'un intérêt de nouveauté, le pèlerinage n'ayant pas été jusqu'à présent l'objet d'une étude complète.

On ne se méprendra pas sur ma pensée... Je parle d'une étude *complète;* et j'ajoute bien vite que, à ma connaissance, il a été publié depuis 1871 — vingt-trois ans — quatre études très intéressantes sur les Sept-Saints et leur pèlerinage. Ces études ont pour auteurs : la première l'abbé Luco, de Vannes ; la seconde Le Men, archiviste du Finistère ; la troisième D. Plaine, bénédictin de Ligugé ; la dernière le regretté Luzel, successeur de Le Men aux archives du Finistère (2).

(1) Lobineau. Préface e 1º et *Hist.*, p. 533. « Fait exprès. . », affirmation erronée, nous le verrons, et souvent rééditée : abbé Luco, Le Men, du Bois de la Villerabel (*A travers le vieux Saint-Brieuc*, p. 36, etc.) Luzel rectifie l'erreur.

(2) Voici ces études par ordre de dates : *Notice sur le pèlerinage des Sept-*

J'ai voulu vous épargner la peine de chercher ces études éparses et de les confronter ; mais je dois rendre hommage à qui de droit. Je confesse, en toute humilité, que je dois à l'abbé Luco, à D. Plaine, à MM. Le Men et Luzel à peu près ce qui va suivre. En bonne foi, je dois même ajouter que, pour une partie de ce travail, j'ai quelque peu mis à contribution notre président, M. de la Borderie, qui prête si libéralement à tous : et, pour une autre partie, je suis redevable à M. Gaultier du Mottay et à notre confrère M. Kerviler...(1) Mais vous allez me dire : « Il ne vous reste donc rien en propre !... » Je vois que vous m'avez compris.

I. — Préambule.

« Les documents qui mentionnent le pèlerinage des Sept-Saints sont très rares et contiennent peu de détails sur ces pieuses pérégrinations (2). » Croira-t-on que pas un seul de nos anciens historiens et hagiographes ne donne les noms des Sept-Saints ? et, ce qui est plus incroyable encore, c'est que, comme nous le verrons, l'exact et savant Lobineau n'a connu ces noms d'une manière certaine qu'après l'impression de son *Histoire de Bretagne.*

Pierre Le Baud mort en 1505, Alain Bouchard mort après 1513, ont été contemporains, peut-être témoins du pèlerinage des Sept-Saints. Or ils n'en font aucune mention.

Saints (il serait plus exact de dire de Saint-Patern), par l'abbé Luco, de Vannes, 1871. — *Note* de M. Le Men, archiviste du Finistère, dans sa *Monographie de la cathédrale de Quimper*, 1877. — *Note* (le terme est trop modeste) sur les *Sept-Saints de Bretagne*, par D. Plaine, aujourd'hui à Silos (Espagne) dans la *Revue de l'art chrétien* (octobre 1881). — *Note* de M. Luzel, archiviste du Finistère, dans le *Bulletin de la Société archéol. du Finistère* (1885). — Je citerai ces études simplement par les noms des auteurs.

(1) M. de la Borderie. *Annuaire historique de Bretagne*, 1861.

M. Gaultier du Mottay. *Recherches sur les voies romaines des Côtes-du-Nord.*

M. Kerviler. *Armorique et Bretagne*, t. 1er, *Armorique*, chap. VIII. *Voies romaines en Armorique.*

(2) Le Men, p. 190.

Le Baud a écrit le premier. Par deux fois, il mentionne non les *sept* mais « les *neuf saints* patrons de la Bretagne et fondateurs des neuf évêchés (1). »

Dans son texte, Alain Bouchard ne donne pas une liste des Sept-Saints ; mais, en deux endroits, une gravure sur bois publiée par lui, représente sous le titre collectif *les Sept-Saints de Bretagne* un évêque portant la croix archiépiscopale et six évêques. Au-dessous de la figure de l'archevêque, se lit le nom de saint Samson, et au-dessous des six autres figures les noms de saint Malo, saint Brieuc, saint Pater(n), saint Corentin, saint Tudual, saint Paul. Saint Samson est à gauche et les six autres, moins saint Patern placé au milieu, sont tournés vers lui, « le reconnaissant comme métropolitain (2). »

On le voit, cette image dessinée aux premières années du XVI⁰ siècle nous reporte au temps où Dol se prétendait métropole des six évêchés de Saint-Malo, Saint-Brieuc, Tréguier, Léon, Cornouaille et Vannes. — Nous aurons à y revenir.

D'Argentré (1582) n'aurait-il pas vu cette image, ou bien n'aurait-il pas ajouté foi à ces indications ? Toujours est-il que, dans la liste qu'il donne, non des Sept-Saints de Bretagne, mais des « sept évêques venus de Bretagne en Armorique au temps des Saxons », il omet saint Corentin (3).

Albert le Grand a écrit la vie de chacun des Sept-Saints figurés dans le livre de Bouchard. Nulle part il ne rappelle leur titre de Sept-Saints ; seulement dans la *Vie de saint Patern*, et avec de singuliers anachronismes, il nous montre Patern, Malo, Tugdual, Paul, Brieuc, plus l'évêque de Quimper qu'il ne nomme pas, tenant un synode à Vannes, sous la présidence de saint Samson leur métropolitain (4).

(1) Le Baud tient aux neuf évêchés, dont « trois parlent la langue gallique, trois la langue britannique, trois ont mixtement l'une et l'autre », parce que « ces neuf églises, en trois différences (de langage), donnent à la Bretagne semblance de la céleste Église triomphante, laquelle a neuf ordres trois fois ternés par hiérarchie, avec diversité de locutions... » V. la suite p. 5 et p. 19.

(2) V. Dans l'édition originale, f. 45 v⁰ et dernier feuillet r⁰, et dans l'édition des Bibliophiles bretons, f⁰⁰ 37 et 275. V. aussi explications dans *Appendice*, p. 21.

(3) *Hist.*, p. 61. Éd. de 1618. — Cette phrase ne se trouve pas dans l'édition de 1588, f⁰ 103 F, et 103 A), et est supprimée dans l'édition de 1658, p. 50.

(4) Albert le Grand. Éd. de Kerdanet, 218.

A la fin du XVII° siècle, mieux informé que les historiens et
les hagiographes, le saint missionnaire Julien Maunoir célébrait
les Sept-Saints de Bretagne, figurés au livre de Bouchard (1).
L'année même de sa mort (1683), les Bollandistes interrogeaient
le savant P. Champion, résidant alors à Brest; et le P. Champion leur répondait en donnant la même liste (2).

En présence de ces témoignages, comment Lobineau, com-
posant son histoire vers cette époque, a-t-il pu omettre saint
Patern et saint Brieuc et écrire : « Ces Sept-Saints étaient
apparemment saints Paul, Tugdual, Samson, Malo, Meen,
Judicaël et Corentin, ou bien c'étaient les frères ou les neveux
de saint Judicaël (3). » Ces dernières indications démontrent que
Lobineau ne savait pas ou n'admettait pas (ce que d'Argentré
semblait dire après l'image de Bouchard) que les Sept-Saints
de Bretagne étaient les fondateurs ou réputés fondateurs des
évêchés bretons.

Par bonheur, avant la publication de son *Histoire*, Lobineau
fut détrompé; et se rectifiant dans sa préface, il a pu donner
les noms des vrais Sept-Saints. D'où lui vint la lumière ? —
De Quimper.

On voit encore dans la cathédrale de Quimper, au pilier qui
forme à droite l'entrée du chœur, pilier construit au XIV° siècle, une sorte de dais; c'est au-dessous qu'était un autel,
ancien vers 1700, dédié aux Sept-Saints, « où ces évêques
étaient dépeints avec leurs attributs et leurs noms au bas, qui
sont Samson, Malo, Brieuc, Tugdual, Paul, Corentin et Patern (4). »

Nul doute que le P. Maunoir n'eût prié devant cet autel.
Voilà comment il savait, et toute la Cornouaille savait avec
lui, ce qu'ignorait un des plus savants hommes de Bretagne !

J'en veux un peu à Lobineau de s'être trop peu renseigné.
Je lui en veux davantage d'avoir attaché si peu d'intérêt au
pèlerinage des Sept-Saints. Il en parle *accidentellement* et il

(1) Dans son livre rarissime: *Le Sacré Collège de Jésus*. Nous citerons plus
loin le P. Maunoir.
(2) V. aux Bollandistes *Saint-Yves* (mai, t. IV, note *in fine* du chap. III, p. 519).
Nous donnerons cette note plus loin.
(3) *Hist.*, p. 538.
(4) Préface, *E*, 1, r°. Je donne les noms dans l'ordre *géographique*.

écrit en deux lignes : « Ce voyage estoit une dévotion si en usage autrefois qu'il y avait un chemin tout au travers de la Bretagne, fait exprès que l'on appelait pour ce sujet le chemin des Sept-Saints (1). » Ce pèlerinage *extraordinaire* ne méritait-il pas une mention un peu complète dans un des précis que Lobineau appelle « portraits abrégés des mœurs de la Bretagne » ? Comment surtout n'en parle-t-il pas dans ses *Vies des saints de Bretagne*, publiées vingt ans après son histoire ?

Quant à Morice, qui copie souvent son prédécesseur, omettant le fait à propos duquel celui-ci avait mentionné le pèlerinage, il ne dit rien de nos Sept-Saints.

II. — Liste des Sept-Saints de Bretagne et origines de leur culte collectif.

La liste des Sept-Saints copiée pour Lobineau sur l'autel de la cathédrale de Quimper, aux premières années du dernier siècle, ni même celle donnée par l'image de Bouchard, deux cents ans auparavant, n'étaient des inventions nouvelles. Nous allons voir cette liste écrite plus de trois siècles avant Bouchard. Dès le XIIe siècle, sinon antérieurement, la liste est close. Quoiqu'on ait dit, et nous le démontrerons, cette liste primitive ne subira dans le cours des âges aucune modification.

Et la cause de cette immutabilité de la liste est bien simple. Les Sept-Saints des Ve au VIIe siècle resteront et seront *seuls* en possession de leur titre d'honneur, parce que *seuls* ils sont fondateurs ou censés fondateurs des sept évêchés de Dol, Saint-Malo, Saint-Brieuc, Tréguier, Léon, Cornouaille et Vannes. Il est clair que le titre de fondateur ne peut appartenir aux saints qui, après eux, ont occupé leurs sièges, pas même au glorieux saint Guillaume, le dernier évêque breton canonisé (1247).

Mais, dira-t-on, il y a en Bretagne non pas *sept*, mais *neuf* évêchés, « semblance, selon Le Baud, de la céleste Église triomphante, laquelle a neuf ordres (1). » Dès lors, pourquoi les fondateurs des évéchés de Rennes et de Nantes n'ont-ils pas été admis au titre des *saints de Bretagne?* Pourquoi n'avons-nous pas *neuf saints de Bretagne* au lieu de *sept?*

On a dit après d'Argentré : « Parce que ces Sept-Saints sont les évéques venus de l'île de Bretagne en Armorique au temps des invasions saxonnes. Or les fondateurs des diocèses de Rennes et de Nantes étaient Gallo-Romains. » Cette cause d'exclusion est-elle suffisante ? Non. La preuve c'est que saint Patern de Vannes étant gallo-romain de naissance comme de nom, sa qualité de gallo-romain n'a pas été un obstacle à son admission au rang des Sept-Saints de Bretagne.

.•.

Il faut une autre raison, et la voici : très simple, et, me semble-t-il, certaine. Toutefois je ne l'ai vue nulle part, et c'est pourquoi j'ai besoin de la justifier.

Saint Brieuc et saint Tugdual, débarqués en Armorique en 465 et 540, avaient entamé la conquête religieuse de la Domnonée et fondé les monastères de Saint-Brieuc et Tréguier. En 548, saint Samson, évéque dans l'île de Bretagne, passa à son tour en Armorique et fonda le monastère de Dol. Peu après la mort de saint Samson, saint Malo fondait les monastères d'Alet et de l'île d'Aaron (Saint-Servan et Saint-Malo, 580-85 (2).

Saint Samson avait exercé l'autorité épiscopale sur tout le littoral de la Manche, depuis le Couesnon qui sépare la Bretagne de la Normandie, jusqu'au Kefleut qui, jusqu'à 1789, a partagé la ville de Morlaix entre les deux évéchés de Tréguier et de Léon, c'est-à-dire sur une longueur de 50 lieues.

Après treize siècles de christianisme et avec nos moyens de communication, un diocèse de cette étendue paraitrait trop

(1) Ci-dessus, p. 3 et note 1.
(2) En ce qui va suivre, je me réfère à M. de la Borderie. *Annuaire de Bretagne,* t. II, 1862, et *Histoire de Bretagne,* t. 1er, *passim.*

vaste aujourd'hui. Qu'était-ce donc au vi° siècle, quand le pays était couvert de bois que perçaient à peine les vieilles voies romaines, et qu'il restait aux apôtres chrétiens tant de conquêtes à faire ?

Il y eut nécessité de partager l'administration de ce vaste territoire ; de là l'institution de vicaires de l'évêque de Dol, dits *évêques régionnaires, co-évêques, abbés-évêques*, chefs de monastères ayant par délégation les pouvoirs épiscopaux. Bien que n'ayant pas de résidences fixes, ces vicaires de Dol se tenaient sans doute le plus souvent dans les grands monastères de Saint-Brieuc, Tréguier et Saint-Malo. Il est probable aussi que les limites de leurs circonscriptions déterminées par les *chrétientés* qu'eux-mêmes avaient fondées, acquirent par l'usage et le temps une certaine fixité.

Moins étendus que l'évêché de Dol, les évêchés de Vannes, Cornouaille et Léon, fondés avant l'arrivée de saint Samson (465, 495, 530), avaient déjà des limites fixes qu'ils devaient garder jusqu'en 1789. Ces quatre évêchés, comme ceux de Rennes et Nantes, étaient suffragants de Tours.

Deux siècles et demi après saint Samson, au milieu du ix° siècle, l'état de choses que nous venons de décrire n'a pas changé.

A ce moment (848) Nominoë est maître des quatre évêchés de Dol, Léon, Cornouaille et Vannes. Pour assurer sa puissance, il lui faut détruire l'influence des Francs dans sa Bretagne. Les évêques agréés par les rois francs et suffragants de Tours, et les vicaires de Dol, nommés par l'évêque, lui sont pour la plupart un obstacle. De gré ou de force il obtient leurs dépositions ; il prétend faire de la Bretagne une province ecclésiastique et il crée une métropole à Dol.

Mais comment la métropole de Tours accueillera-t-elle cette organisation qui lui enlève quatre évêchés sur neuf ? Comment Rome l'agréera-t-elle quand la règle exige, dit-on, douze suffragants pour créer une métropole (1) ?

___

(1) Lettre du pape Nicolas I° à Festinien, évêque de Dol (an 866), Morice *Pr.*, I, 330. — Voici le sens d'une phrase : « Vous n'avez, en vous comptant, que sept évêques, et vous prenez le titre de métropole ! Mais pour qu'une église soit dite métropole, il est de précepte qu'elle soit la mère non de sept, mais de douze évêchés. » — Ce qui est curieux, c'est que l'archevêché de Tours, pour lequel Rome prend parti contre Dol, ne comptait pas les douze évêchés,

Nominoë va dédoubler le nombre des évêchés suffragants : Vannes, Cornouaille et Léon conserveront leurs limites anciennes ; mais, dans le diocèse trop étendu de Dol, il sera taillé trois diocèses. Leurs limites sont tout indiquées : ce seront celles des circonscriptions vicariales. Devenu archevêque, l'évêque de Dol au lieu de vicaires aura des suffragants dont les résidences seront aux monastères où l'usage les avait établies. Dol devenant métropole, aura pour diocèse le territoire dont son évêque avait gardé l'administration en mains propres.

Au point de vue des circonscriptions et des sièges épiscopaux, l'organisation nouvelle n'était que la confirmation de l'état de choses existant depuis longtemps.

Les nouveaux évêques devinrent suffragants dévoués de Dol. Isolés de Tours, les évêques de Léon et de Cornouaille suivirent leur exemple. Y eut-il quelque hésitation de la part de l'évêque de Vannes que la Vilaine jusqu'au-dessus de Redon séparait seule de Nantes étroitement attaché à Tours ?... (1) Quoiqu'il en soit, Dol obtint l'obéissance de Vannes.

Nominoë avait dû prévoir l'opposition de Tours ; mais avait-il prévu l'opposition des archevêques de Rouen, Reims et Sens qui a pour suffragant Paris, la résidence royale (2)? Dans l'année même de la création de Dol, vingt-deux prélats réunis à Tours, au nombre desquels l'archevêque de Tours et les trois que nous venons de nommer, protestaient en faveur de Tours contre la création de la métropole de Dol, et portaient l'affaire à Rome (3). C'est la France ecclésiastique tout entière qui fait opposition à Dol.

Nominoë refusa de lire la lettre synodale de Tours ; mais elle lui fut un avertissement. Deux ans plus tard, il avait étendu sa puissante main sur Rennes et Nantes ; mais, trop avisé pour soulever contre sa métropole de nouveaux motifs

---

mais seulement neuf, avant Nominoë : Tours, Le Mans, Angers, et les six évêchés bretons. (Gallia Christiania, XIV.)

(1) On le croirait, quand on voit dans l'image de Bouchard (1514), saint Patern, seul des six suffragants, ne se tournant pas vers saint Samson ; et le récit d'Albert le Grand semble la preuve de cette tradition.

(2) Paris n'est devenu siège archiépiscopal qu'en vertu d'une bulle de 1622.

(3) Morice, Pr., I, 291 et suiv,

de protestation, il se garda de joindre ces deux évêchés à la province de Dol.

Or la création de la métropole bretonne avait été accueillie avec faveur par les Bretons comme une garantie de plus d'indépendance. L'opposition des évêques francs à l'organisation d'une église bretonne dut apparaître aux yeux des Bretons comme la continuation ou la reprise, sous une forme nouvelle, de la lutte que la Bretagne avait soutenue pour conquérir son indépendance. Ces circonstances, politiques autant que religieuses, n'expliquent-elles pas que les Bretons aient appelé à un degré éminent d'honneurs les fondateurs de Dol et des évêchés suffragants de Dol ?

Or chacun d'eux avait reçu un culte particulier de la génération même qui avait recueilli son enseignement et avait élevé une église sur son tombeau. La première manifestation de ce culte fut la dévotion populaire à cette époque, le pélerinage au tombeau du saint, et plus tard à ses reliques pieusement gardées. Quand Dol devint métropole, de diocésain qu'il était, le pélerinage ne devint-il pas provincial ? et saint Samson à Dol, comme saint Martin à Tours, ne reçut-il pas la visite de toute la province ? Dans les mœurs de ces temps c'est très vraisemblable.

Mais allons plus loin : La ségrégation toute d'honneur du fondateur de Dol et des fondateurs des évêchés suffragants de Dol n'aura-t-elle pas une autre conséquence ? Au culte particulier de chacun des Sept-Saints, la Bretagne ne va-t-elle pas substituer le culte collectif des Sept-Saints ?

Et si ce culte *collectif* s'établit, quelle en sera sinon la première du moins la plus éclatante manifestation ? Sera-ce, comme on l'a écrit, la construction d'une église unique sous le vocable des Sept-Saints (1) ? — Non. Sera-ce du moins la

(1) *Anciens Evêchés de Bretagne*, III, 177. — Dans une note, les savants auteurs nomment les Sept-Saints et ajoutent : « Ils avaient une église élevée en leur honneur qui fut un pélerinage très fréquenté. D. Lobineau a vu près de Dinan les restes d'un chemin pavé qui y conduisait. » — Tout cela est erroné, et la preuve de l'erreur se tire même du nom de *Tour de Bretagne*, donné au pélerinage des Sept-Saints.

Nous parlerons plus loin de ce lieu dit *les Sept-Saints*. (Ci-dessous, p. 21-22).

Il y avait nécessité de relever cette erreur d'un savant livre qui fait justement autorité.

consécration dans l'église principale de chacun d'eux, d'un autel, d'une *memoria* quelconque des Sept-Saints ? — Il n'y a aucun indice de ce fait. — Cette manifestation ce fut le pèlerinage populaire de l'une à l'autre de ces sept églises.

.*.

Quelques faits historiques viennent, semble-t-il, à l'appui de ce qui précède.

A peine Nominoë a-t-il fermé les yeux, que les Normands, dont il avait acheté le départ en 847, se ruent sur la Bretagne. Après un siècle ils partent. Les Bretons reprennent à la vie ; ils reviennent à leurs autels désolés et au culte de leurs saints nationaux. Que de motifs et de diverse sorte n'ont-ils pas de les invoquer ! Ils leur ont attribué la délivrance ; ils leur paieront une dette de reconnaissance. Les reliques des saints bretons ont été emportées en France, et les dépositaires, par un pieux abus de confiance, les y retiennent : une réparation est due en Bretagne aux saints protecteurs exilés. Enfin les ravages des terribles envahisseurs ont paru l'exécution des menaces annoncées par les livres saints pour les derniers jours du monde. L'Eglise universelle supplie « tous les saints d'éloigner la nation perfide (1) » ; les pèlerinages de pénitence se multiplient par toute la chrétienté à l'approche de l'an 1000 !

(1) Cf. L'hymne des vêpres de la fête de Tous les Saints, surtout dans son texte primitif conservé dans la liturgie de plusieurs ordres monastiques, depuis la correction faite sous Urbain VIII (1635). — Voici la 6e strophe :

FORME ANCIENNE :	FORME ACTUELLE :
Auferte gentem perfidam	Auferte gentem perfidam
Credentium de finibus,	Credentium de finibus
Ut Christo laudes debitas	Ut unus omnes unicum
Persolvamus alacriter.	Ovile nos pastor regat.

L'allusion aux Normands semble certaine, quand on sait que l'hymne est contemporaine de la fin de l'invasion. L'auteur en est inconnu ; mais on en place la date entre les œuvres de S. Odon de Cluny (877-942) et celles de Fulbert de Chartres, évêque en 1007, c'est-à-dire au xe siècle.

La simple lecture de l'hymne fera reconnaître l'intercalation de la 6e strophe.

Comment en serait-il autrement dans la Bretagne qui a tant souffert pendant tout un siècle ?

Voilà plus de motifs qu'il n'en faut pour expliquer *l'explosion* du culte et du pèlerinage des Sept-Saints, du moins dans la seconde moitié du x⁰ siècle. Et pourtant ce n'est pas tout.

.⁰.

Après la mort de Nominoé (861), les papes refusent le pallium aux archevêques de Dol, ou le leur accordent sous des conditions qui sont la négation des prérogatives du métropolitain. Le procès entre Tours et Dol, suspendu par l'invasion normande, a repris après le départ des envahisseurs ; il se prolongera pendant deux siècles et demi jusqu'à la sentence papale rendue contre Dol en 1199.

Aucun doute, je pense, que le pèlerinage des Sept-Saints ne fût commencé avant cette date : pour les Bretons de ce temps n'était-il pas, en même temps qu'un acte de piété, un acte d'opposition à Tours et une protestation en faveur de la métropole bretonne ?

Pour admettre cette interprétation, il ne faut que se figurer l'enthousiasme religieux et politique qui avait accueilli la création de la métropole de Dol. Les deux faits suivants nous donneront la mesure de cet enthousiasme. Ils constituent deux erreurs historiques ; mais plus ces erreurs sont grossières, plus elles sont démonstratives.

Les Bretons s'imaginèrent que saint Samson avait créé non un évêché mais un archevêché à Dol ; et, nous l'avons déjà dit, Albert le Grand (sans se soucier des anachronismes) nous représente cinq de nos Sept-Saints : Paul, Tugdual, Brieuc, Malo, et l'évêque de Quimper, qu'il ne nomme pas, mais qui apparemment est saint Corentin, reconnaissant la suprématie de saint Samson et le métropolitain de Dol présidant un synode à Vannes. L'hagiographe place la mort de saint Samson en 507. Son archevêché daterait donc du vi⁰ siècle.

Il y a plus encore. Il semble que la sentence d'Innocent III, condamnant définitivement Dol en 1199, ne fut pas acceptée par tous en Bretagne. Les évêques de Dol n'ont pas renoncé sinon aux prérogatives réelles, du moins aux signes extérieurs rappelant le souvenir de leur ancienne dignité. Trois siècles après la sentence de 1199, un évêque de Dol obtint de Rome la permission, pour lui et ses successeurs, de faire porter devant eux dans leur diocèse la croix archiépiscopale, et de figurer le pallium sur leurs armes. L'évêque usa de la faculté et ses successeurs suivaient encore son exemple au temps de d'Argentré (1).

Pour d'autres, il ne suffit pas de ce souvenir, et la sentence de 1199 est lettre morte. Pour citer un exemple, voyez Alain Bouchard. Il ne mentionne pas la sentence à sa date ; et, en un autre endroit, il dit expressément, écrivant en 1514 : « En cette province il y a neuf sièges cathédraux, dont l'un, Dol, est de long et ancien temps archevêché et les autres sont évêchés (2).

Dans tous ces faits ne trouvera-t-on pas la preuve que le culte et le pèlerinage des Sept-Saints de Bretagne ont pris naissance sinon au temps de la création de la province de Dol, du moins au xᵉ siècle, après le départ des Normands et pendant les longs débats entre Tours et Dol.

III. — Origines du pèlerinage des Sept-Saints.

Maintenant voici des actes qui prouveront de manière *authentique* l'existence de la liste et du culte des Sept-Saints sinon au xᵉ du moins au xIIᵉ siècle, c'est-à-dire avant la sentence de 1199.

1ᵉ Dans la vie de saint Genulfe ou Genou, évêque de Cahors

(1) L'autorisation fut donnée par Alexandre VI, pape, en 1102. — L'épitaphe de l'évêque Thomas Jaimes la rappelle. Morice, *Hist.*, II, p. LXIV et suiv. — Cf. d'Argentré, *Hist.*, fᵒ 905 A. Ed. de 1588.

(2) Et un siècle plus tard, le célèbre *cosmographe* Mercator, dont l'atlas parut en 1612, copiait la phrase de Bouchard, mais en la corrigeant et donnant pour suffragants à Dol *tous les évêchés bretons.* La dixième édition donnée par Henri Hundt (1632) corrige cette erreur.

ou plutôt de Bourges, écrite au xᵉ siècle, on lit le fait que voici (1) : Un pauvre breton allait mourir dans l'abbaye dédiée à saint Gildas, un saint breton, en Berry (2). Trois évêques bretons : Paul, Malo et Samson vinrent ensemble l'assister dans l'agonie. — « Faut-il voir dans ce rapprochement des noms de trois des Sept-Saints une première ébauche de la dévotion aux Sept-Saints (3) » ? La question posée est restée sans réponse certaine. Pour nous, du rapprochement ces trois noms, nous n'osons pas conclure la preuve de l'e. ɔɩence de la liste à cette époque.

2ᵉ Mais nous trouvons cette liste complète dans un document du xɪɪᵉ siècle.

Au dernier folio d'un manuscrit de la Bibliothèque nationale, dit *Codex parisiensis*, on lit en caractères du xɪɪᵉ siècle :

« Nomina Septem Storum (Sanctorum) Britannie Briocus Samson Machutus seu Macloveus Paternus Corentinus Paulus Tudualus (4). »

Voilà donc, au xɪɪᵉ siècle, la liste des Sept-Saints dressée et définitivement arrêtée. Voilà nos Sept-Saints fondateurs ou censés fondateurs des évêchés de la province Bretonne. Leur culte collectif a dû suivre leur ségrégation d'honneur et le pèlerinage des Sept-Saints a commencé.

J'ai donné plus haut des raisons qui rendent le fait au moins très vraisemblable ; en voici des preuves authentiques.

3ᵉ Quinze ans après la sentence de 1109, le 10 avril 1215, Guillaume Le Borgne, sénéchal de Goello, fait son testament (5). Au nombre de ses legs pieux est celui-ci que je traduis mot à mot : — « Aux abbayes de Bretagne et aux *églises* des

(1) Acta SS. Bolland. t. I, janvier, Vita S. Genulfi. Lib. II, nᵒ 16 et 17. — D. Plaine, p. 432-433.

(2) Du nom de saint Gildas de Rhuys, dont les reliques avaient été portées en Berry pendant l'invasion normande : *Vie de saint Gildas*, page 17, note 1. Albert le Grand.

(3) D. Plaine, p. 433.

(4) D. Plaine.

(5) D. Plaine a imprimé 1225, le baron de Courcy de même (*Armorial*, I, p. 130). Le testament porte 1215 (Morice, *Pr.*, I, 828), et il est placé entre deux actes de cette année. D. Morice répète cette date au *Catalogue des abbés de Beauport* (*Hist.*, II, p. CXXXV). Le *Gallia Christiana* dit aussi 1215 en citant le testament (XIV, col. 1119).

« Sept-Saints cent livres (plus de 10.000 francs de notre mon-
« naie) à partager entre elles. »

Qu'entendre par ces mots *les églises des Sept-Saints ?* Pas
une seule église ne porte ce vocable. — Nous entendons par
là les six cathédrales et l'église Saint-Patern de Vannes. —
Mais, dira-t-on, de ces sept églises deux ne sont pas dédiées
à un des Sept-Saints, savoir celle de Tréguier dédiée à saint
André, et celle de Saint-Brieuc que le saint lui-même consacra
à saint Etienne. Soit ; mais chacun des Sept-Saints était spécialement invoqué dans la cathédrale du diocèse dont il était
cru fondateur, comme saint Patern dans son église à Vannes.
C'est dans ces églises qu'étaient gardées les reliques de chacun
d'eux ; chacun (on n'en peut douter) y avait son autel, sa
statue (1). C'est pourquoi, dès le xiiie siècle, l'usage était d'ap-
peler chacune de ces églises du nom de son fondateur ; nous
allons en avoir la preuve.

Le sénéchal de Goëllo savait, comme le testateur que nous
citerons tout à l'heure, distinguer les *églises* des *chapelles* ; et
en testant, il a pensé aux sept églises principales et non aux
chapelles des Sept-Saints semées par toute la Bretagne. Les
actes qui vont suivre justifieront cette interprétation.

Retenons de ce testament que le culte *collectif* des Sept-
Saints existait en 1215, qu'il était *populaire*, puisque des legs
en assuraient l'exercice ; et du culte collectif, concluons sans
témérité au pèlerinage.

Une délibération des chanoines de Quimper postérieure de

---

(1) J'avais dit qu'il y avait un autel, une *memoria* quelconque des Sept-
Saints en chaque église principale. Je reconnais mon erreur et j'accepte sans
restriction l'observation que m'a adressée notre compatriote D. Guépin,
Rme Abbé de Silos (Espagne) :

« Ce grand personnage (Guillaume Le Borgne) veut être le bienfaiteur de
toutes les églises *qualifiées* formant, si je puis dire, l'ossature religieuse ecclésiastique de la province dans laquelle il avait une si haute situation. Il veut
faire un legs à toutes les cathédrales, à toutes les abbayes de Bretagne, afin
d'avoir, comme protecteur, part aux prières de tous les collèges ecclésiastiques
de marque. — Il me semble que vous allez trop loin en concluant qu'il y avait
dès lors un autel des Sept-Saints dans chaque cathédrale. Le texte n'en dit
rien. Dans chacune d'elles, il y avait l'autel, le tombeau, la châsse des reliques,
la *memoria*, comme on disait plus anciennement, de l'un des sept ; mais je ne
vois aucune indication d'un autel sous le vocable des Sept-Saints. »

trente-trois années seulement (1248) mentionne dans la cathédrale de Quimper un tronc dit *des pèlerins* (1). L'acte ne mentionne pas *l'installation* du tronc, mais *son existence antérieure*; et un acte du même chapitre postérieur de près de deux siècles, qui semble se rapporter au même tronc, nous apprend qu'il recevait les offrandes *des pèlerins des Sept-Saints*. Sans doute il en était de même en 1248.

4° Voici un second testament postérieur de huit années (1256) (2). C'est le testament de Geffroy de la Soraye, chevalier. Il demeure à la Soraye, paroisse de Quintenic (aujourd'hui canton de Lamballe) ; mais il a des biens en plusieurs paroisses, notamment à Saint-Alban et à Saint-Jacques de Hénansal, sur la voie qui conduit de Saint-Brieuc à Saint-Malo et Dol. N'a-t-il pas vu passer les pèlerins ? Ne les a-t-il pas accompagnés ? Voici une disposition de son testament :

« A l'église (*ecclesia*) de Saint-Brieuc, XII deniers ; à la
« chapelle (*capella*) de Saint-Guillaume, XII deniers ; à chacun
« des Sept-Saints de Bretagne, XII deniers ; à chacun de
« leurs sacristains (*servientium*), VI deniers. »

La Soraye distribue ainsi XII deniers à neuf églises. Par les mots *à chacun des Sept-Saints*, le testateur n'entend-il pas l'église cathédrale ou principale de chacun des Sept-Saints ? Le legs fait aux sept sacristains ne rend-il pas cette interprétation certaine ? Les termes du legs rapprochés des expressions employées par Le Borgne n'autorisent-ils pas l'interprétation que nous avons donnée plus haut du testament de celui-ci ?

5° Enfin, voici un autre testament (3). Il est du 1er mai 1303. C'est le testament de Roland (II) de Dinan. Comme la Soraye, Roland était voisin des routes de Saint-Brieuc à Dol et de Saint-Malo à Vannes par Corseul. Il était seigneur de Montafilant, et ces deux voies traversaient sa seigneurie et passaient même en vue de son château (4). Il dicte : « Aux Sept-

(1) Le Men, p. 193-194. Il cite *l'art. de Quimper*, n° 56, f° 53 v° ; lire f° D.
(2) D. Plaine, p. 434.
C'est à propos de ce testament que les auteurs des *Anciens Evêchés* mentionnent l'église unique dédiée aux Sept-Saints, auprès de Dinan. Nous avons signalé cette erreur ci-dessus, p. 9, note 1.
(3) D. Plaine, p. 435. *Evêchés de Bretagne*, VI, p. 312.
(4) Gaultier du Mottay, p. 123.

« Saints de Bretagne, à chacun d'eux, deux sous; à chacun
« des sacristains d'eux, douze deniers », c'est-à-dire au sacris-
« tain de l'église de chacun des Sept-Saints.

Le sens de ces deux testaments est le même : Ces actes
nous montrent sept sacristains, donc sept églises, et ces sept
églises du diocèse de chacun des Sept-Saints sont les stations
principales du pèlerinage.

6° Toutefois, l'enquête faite pour la canonisation de saint
Yves (23 juin au 4 août 1330) est, à ma connaissance, le plus
ancien document mentionnant expressément le pèlerinage des
Sept-Saints (1). Les témoignages se rapportent à la vie du saint
(1253-1303), c'est-à-dire à la seconde moitié du XIIIᵉ siècle.

Trois témoins de l'enquête mentionnent le pèlerinage des
Sept-Saints.

Une femme de Lanmeur faisant avec une amie le voyage
aux *basiliques* des Sept-Saints, a rencontré saint Yves et fait
route avec lui de Tréguier à Kermartin, le lundi de la Pentecôte 1299 ou 1300 (2).

Un domestique (*famulus*) de saint Yves le quitta pour aller
pendant le jubilé aux tombeaux de saint Pierre et saint Paul,
puis à Saint-Jacques, en Galice (3). Il reprit son service près
du saint, fit plusieurs fois le pèlerinage des Sept-Saints, et, à
son dernier retour, il trouva saint Yves pris de sa dernière
maladie (15 au 19 mai 1303) (4).

Enfin un témoin dépose (5) qu'un jour saint Yves, donnant à
manger à plusieurs pauvres, l'un d'eux dit qu'il allait faire le
pèlerinage de Saint-Jacques ou celui des Sept-Saints, et que saint
Yves, en l'approuvant, voulut lui-même graisser ses souliers.

Dans le texte de la première déposition, il faut relever le mot
basiliques. « Ce mot ne s'emploie qu'au sens d'église cathédrale où l'évêque siège en personne (6). » Or des sept églises
stations principales du pèlerinage six étaient épiscopales.

Quand nous parlons des actes de saint Yves, dirons-

(1) Bolland., IV, mai, p.   .
(2) Bolland., IV, mai, n° 43, p. 555.
(3) *Ibid.*, n° 21, p. 548-549.
(4) Albert le Grand (Ed. Kerdanet), p. 270.
(5) Bolland., n° 51, p. 567.
(6) D. Plaine.

nous après d'autres que, « très dévot aux Sept-Saints de Bretagne, » il a fait et plus d'une fois le pèlerinage (1) ? C'est très possible et même vraisemblable ; mais les actes, paraît-il, ne constatent pas le fait. On voit saint Yves en pèlerinage à Saint-Ronan (Locronan, Cornouaille) (2), à Saint-Corentin de Quimper, à Saint-Théliau (Landeleau) sur la route de Quimper, à Notre-Dame de Quintin (3). On ne le voit pas faisant le *tour de Bretagne* (1). Dans le silence des actes à cet égard, nous devons nous garder de rien affirmer.

De ce que les actes de saint Yves mentionnent pour la première fois le pèlerinage, conclura-t-on, malgré les documents que nous avons cités, que le pèlerinage venait de commencer ? Le P. Champion que j'ai cité plus haut, écrivait en 1683 : « Le pèlerinage fut surtout célèbre et fréquenté au temps de saint Yves. » Qu'est-ce à dire ? Qu'il avait commencé longtemps auparavant, car ce n'est pas en un jour ni en quelques années que peut s'établir un mouvement populaire qui, comme nous le verrons, déplace chaque année des milliers d'hommes.

Ici arrêtons-nous, et revenant sur nos pas, résumons les résultats de cette étude.

Nous avons essayé de démontrer :

1º Que la grande vogue du pèlerinage au temps de saint Yves rend vraisemblable son existence longtemps auparavant ;

2º Que les testaments du XIIIᵉ siècle, cités ci-dessus, établissent l'existence du pèlerinage à cette époque ;

3º Que l'existence de la liste des Sept-Saints au XIIIᵉ siècle permet de conclure à l'existence de leur culte et du pèlerinage au temps du procès entre Dol et Tours terminé par la sentence de 1199 ;

4º Qu'il est au moins vraisemblable que le culte et le pèlerinage des Saints commencèrent, sinon au temps de la création de l'archevêché de Dol (milieu du IXᵉ siècle), du moins après le départ des Normands et avant l'an 1000.

(1) M. de la Villerabel. *A travers le vieux Saint-Brieuc*, p. 91.
(2) Rens. de D. Plaine. — Boll., nº 302, p. 519.
(3) Rens. de M. l'abbé Daniel. — Dom Guépin, abbé de Silos. *Notre-Dame de Délivrance* (à Quintin), p. 11.
(4) Cf. *Vie de saint Yves*, par Albert le Grand, où il n'est pas question du pèlerinage des Sept-Saints.

Nous reviendrons bientôt à l'histoire du pèlerinage et du culte des Sept-Saints ; mais auparavant il y a nécessité de faire connaître les conditions du pèlerinage et de tracer le chemin que suivaient les pèlerins.

IV. — Conditions du pèlerinage.

A l'époque où nous nous sommes arrêtés, l'usage avait fixé quatre époques de l'année pour le pèlerinage : Pâques, la Pentecôte, la Saint-Michel et Noël, la saison des longues nuits, des pluies froides, des neiges et des glaces. Ces quatre époques étaient dites les *quatre temporaux*. Chaque temporal durait un mois, quinze jours avant et quinze jours après la fête dont il prenait le nom (1).

Il est à peine besoin de dire que, dès le xivᵉ siècle, au temps de la grande vogue du pèlerinage, le temporal qui comptait le moins de pèlerins était celui de Noël ; celui qui en comptait le plus était celui de Saint-Michel, survenant à l'époque où sont à peu près finis les travaux de la récolte. D'après un compte que nous aurons à faire connaître, les deux cinquièmes des pèlerins passaient à cette époque (2).

Plus tard, quand la vogue du pèlerinage diminua, de quatre, les temporaux furent réduits à deux : nous le verrons plus loin.

Disons toutefois que, si les temporaux étaient les époques ordinaires du pèlerinage, il n'était pas interdit de choisir une autre époque de l'année.

De même, si le terme des temporaux était de trente jours, on pouvait dépasser ce terme : c'est du moins ce que fit en 1419 l'illustre pèlerin dont nous suivrons l'itinéraire.

Le voyage se faisait à pied (sauf exception bien entendu pour les malades ou les infirmes). La distance à parcourir

(1) Abbé Luco, Le Men, etc.
(2) Abbé Luco. Il ne parle que de Vannes ; mais ce qu'il en dit est vrai des autres évêchés.

était, comme nous verrons, d'environ 550 kilomètres à vol d'oiseau, soit 137 de nos lieues ou 100 lieues de Bretagne (1). Les pèlerins ayant trente jours pour accomplir ce voyage n'avaient pas à faire en moyenne vingt kilomètres par jour.

Le tour de Bretagne se faisait indifféremment en un sens ou en l'autre. Je veux dire qu'un pèlerin partant par exemple de Dol, pouvait prendre par Saint-Malo pour revenir par Vannes, ou se rendre d'abord à Vannes pour finir par Saint-Malo.

Il semble aussi que, s'il y avait commodité, il n'y avait pas obligation de suivre le chemin ordinaire, le chemin dit *des Sept-Saints* ; et qu'on pouvait s'en écarter à droite ou à gauche pour vaquer à ses affaires ou même se reposer chez des amis (2).

Si les pèlerins bretons ne redoutaient la fatigue ni la rigueur du temps, du moins devaient-ils se prémunir contre les dangers de la route. Ils se réunissaient en petites troupes, marchant sous la conduite d'un prêtre de leurs paroisses ou de quelque voisin qui avait déjà fait le voyage (3). On peut se les figurer allant chantant des cantiques. Ainsi font de nos jours encore les Cornouaillais et les Trécorrois se rendant à Sainte-Anne d'Auray et rentrant joyeusement chez eux après avoir fait quarante ou cinquante lieues sans dormir dans un lit.

Pendant les temporaux, les reliques de chacun des Sept-Saints étaient exposées dans chacune des églises stations principales du pèlerinage. A Vannes, les reliques de S. Patern étaient posées sur un autel contigu à la grille du chœur (4). A Quimper, celles de S. Corentin étaient posées sur un piédestal, surmonté d'un dais incrusté dans le pilier formant l'entrée du chœur à droite, pilier contre lequel était appuyé l'autel des Sept-Saints dont nous avons plus haut donné la description (5).

(1) Lieue de Bretagne : « Une corde contenant six-vingt pieds assise six-vingt fois. » (Const. de Pierre II, art. 20. Vannes 1451). 120 pieds × 120 = 14.400 pieds ou 4.800 mètres, en nombres ronds cinq kilomètres. C'est la mesure que, dans mon enfance, j'entendais attribuer à la *lieue de pays*.

(2) C'est ce que nous apprend l'itinéraire du pèlerin que je citais plus haut.

(3) Abbé Luco.

(4) *Ibid*.

(5) Le Men. — Au moins depuis le xiv⁰ siècle, date de la construction du pilier.

A Saint-Brieuc, les reliques de saint Brieuc revenues de l'abbaye Saint-Serge d'Angers aux premières années du xiiie siècle, étaient exposées avec celles de saint Guillaume (depuis 1247) dans la cathédrale (1).

Pas de doute qu'un usage analogue ne fût suivi dans les quatre autres églises.

Dans la plupart des stations, les pèlerins ajoutaient à la visite des reliques quelqu'autre dévotion. A Vannes, ils visitaient la cathédrale, et sans doute après la canonisation de Vincent Ferrier (20 juin 1455), la maison où il mourut. A Tréguier, ils allaient prier au tombeau de saint Yves, puis visitaient son berceau et l'église construite par lui au Minihy. A Saint-Brieuc, ils se rendaient à l'oratoire primitif de saint Brieuc, et visitaient la fontaine près de laquelle le saint s'était arrêté le jour de son arrivée. Ceux qui étaient atteints du *mal des ardents* ne manquaient pas de se laver au bassin voisin, dit jusqu'à nos jours le *douet des ardents* (2).

Enfin c'était un usage universellement suivi que le pèlerin déposât une offrande en chaque église et même, semble-t-il, à certaines stations de la route. Nous avons vu, en 1248, un *tronc des pèlerins* établi, depuis un temps que nous ne pouvons dire, dans la cathédrale de Quimper (3) : il y en avait un dans l'église de saint Patern à Vannes, dont il a été conservé un compte que nous examinerons. Nul doute que des troncs n'existassent dans les autres églises visitées. Nous pouvons même conjecturer qu'il y en avait le long de la route, dans les chapelles ou sur les fontaines consacrées aux Sept-Saints. Nous en verrons un exemple tout à l'heure (4).

(1) M. de la Villerabel, *A travers le vieux Saint-Brieuc*, p. 41-43, dit que les pèlerins allaient vénérer leurs images sous le porche de la cathédrale.

(2) En ce qui concerne Saint-Brieuc. Cf. *Anciens Evêchés*, I, 280. De la Villerabel, *A travers le vieux Saint-Brieuc*, 41-42-93-94, en observant que le *douet des Ardents* ne se trouve pas près de la fontaine Notre-Dame, mais quelques cents mètres plus bas, auprès de la fontaine Saint-Brieuc. — Cette fontaine, consacrée par une tradition ancienne, « a été comblée vandaliquement en 1802. » — M. de la Borderie, *Hist. de Bretagne*, I, p. 303, note 1.

Pour plus de détails, mon étude sur la *Fontaine de Saint-Brieuc, Notre-Dame de la Fontaine*, etc. (1807).

(3) Ci-dessus, p. 14-15.

(4) Abbé Luco.

Nous verrons plus loin que les pèlerins étaient pauvres en grande majorité. Beaucoup d'entre eux donnaient moins encore que le denier de la veuve, une obole. Mais l'obole du pauvre était aussi méritoire que l'or déposé auprès d'elle par la main du duc de Bretagne.

V. — Chemin des pèlerins.

Dans sa préface et dans son histoire, Lobineau dit que « le voyage ou pèlerinage des Sept-Saints était anciennement une dévotion si usitée, qu'il y avait un chemin pavé destiné tout exprès au travers de la Bretagne, appelé pour cela le chemin des Sept-Saints, dont on voit encore des restes au prieuré de Saint-Georges, près de Dinan (1) ».

Rectifions un mot de cette phrase : ce n'est pas seulement *au travers*, c'est *autour* de la Bretagne que se trouvait ce *chemin paré*. Aller de Dol à Saint-Malo, Saint-Brieuc, Tréguier, Saint-Pol, Quimper, Vannes, pour revenir vers Dol, c'était contourner la plus grande partie de la Bretagne, puis la traverser. C'est pourquoi le pèlerinage était dit vulgairement en breton *Tro Breiz*, en français *Tour de Bretagne*.

Lobineau avait bien vu : plus de quatre siècles avant lui, il y avait en ces parages une chapelle ou fontaine, un lieu nommé les *Sept-Saints*. Nous en trouvons l'indication dans des lettres de Charles de Blois du 13 décembre 1316 (2), confirmant la fondation « d'un hôpital au bout de la chaussée

(1) Ci-dessus, p. 1.

(2) Comm. de M. le Mⁱˢ de l'Estourbeillon au Congrès de l'*Association Bretonne*, à Saint-Brieuc (1896). (*Bulletin*, t. XV, 3ᵉ série, 1897, p. 302-308). Ces lettres confirment la fondation faite au mois d'août précédent par Geffroi le Vayer (chevalier) et Jeanne Roussel, sa femme. (Cf. D. Morice, *Pr.*, t. 1ᵉʳ, col. 1157 à 1159). Il a été imprimé chaussée de *Trediem* au lieu de *Trédias*. L'acte de fondation ne nomme Bicongui ni les Sept-Saints. C'est ce lieu dit les *Sept-Saints*, que les auteurs des évêchés de Bretagne ont pris pour une église des Sept-Saints. Ci-dessus, p. 9, note 1.

de Trédias, en la paroisse de Tromeur, sur le chemin des *Sept-Saints* à Bicongni. » Les *Sept-Saints* de Bicongni ne se retrouvent aujourd'hui ni sur les lieux ni même dans le souvenir ; mais le prieuré de Saint-Georges est figuré sur la carte de l'état-major un peu au Nord-Est du ruisseau de Mirbel, formant la limite entre les deux anciennes paroisses, aujourd'hui communes, de Trédias et Tromeur. Le lieu dit les *Sept-Saints* était sans doute très voisin. — La chaussée de Trélias était entre Bicongni et les *Sept-Saints*.

L'indication de Lobineau que ce chemin avait été tracé et pavé pour les pèlerins des Sept-Saints a fait fortune et est encore souvent répétée, même de nos jours. Elle est pourtant erronée (1).

Presque deux siècles après Lobineau, nous voyons bien d'autres restes de ce chemin que ceux qu'il signale non loin de Dinan ; et le *chemin des Sept-Saints* a été relevé et dessiné de proche en proche sur la carte de Bretagne, mais sous un autre nom.

En réalité, ce *chemin pavé* n'avait pas été construit pour les pèlerins : il était vieux de plusieurs siècles quand commença le pèlerinage. Il n'était autre qu'une suite de voies romaines contournant la Bretagne de Vannes (pour prendre un point de départ) à Quimper, Saint-Pol, Tréguier, Saint-Brieuc, Saint-Malo, Dol, et revenant vers Vannes.

Au moyen-âge, nos pères ne construisaient guère de routes et surtout pas de ces routes pavées. Ils ne surent même pas entretenir les larges voies que les Romains leur avaient léguées. Mais ils les marquèrent de l'empreinte religieuse qu'ils mirent sur tout. Les bornes milliaires furent souvent remplacées par des croix marquant les lieues de Bretagne ; et le long des voies antiques s'élevèrent des chapelles dédiées aux saints nationaux, et si nombreuses « qu'elles peuvent en quelque sorte servir de jalons pour retrouver ces voies (2) ». Auprès des chapelles qui invitaient à la prière, et de loin en loin, s'élevèrent des fontaines monumentales dont plusieurs dédiées aux Sept-Saints, souvent entourées d'arbres, où le

(1) Ci-dessus, p. 1 et note 1.
(2) M. du Mottay, p. 90.

voyageur étanchait sa soif et goûtait le repos et l'ombre aux heures chaudes du jour.

La charité de nos pères fit plus encore. C'est le long des voies antiques qu'elle éleva 'es aumôneries où le voyageur nécessiteux pourrait trouver un gîte et recevrait un secours pour continuer son voyage (1).

· Comment les voies anciennes devenues *le chemin des Sept-Saints*, et, à ce titre, les plus fréquentées des routes de Bretagne n'auraient-elles pas été plus encore que les autres, l'objet de ces soins religieux et charitables ? Plus de trois siècles après que le pèlerinage a cessé, lorsque le temps et surtout les hommes ont durant tant d'années accompli leur œuvre de destruction, il existe encore des chapelles et des fontaines gardant leur nom ancien des Sept-Saints. Nul doute que d'autres chapelles anciennes, autrefois dédiées aux Sept-Saints, n'existent sous un autre vocable, quelquefois, hélas ! de pure fantaisie. Enfin personne ne doutera que ces chapelles ne fussent, au temps du pèlerinage, plus nombreuses que de nos jours (2).

J'ajoute que le nom significatif de *Sept-Saints* est encore donné aujourd'hui à des chapelles, fontaines, chemins et lieux habités situés à distance des voies qui furent *le chemin des Sept-Saints* de cathédrale à cathédrale ; mais ces chapelles, fontaines, etc., étaient au bord de voies antiques conduisant au siège de l'évêché dans les limites duquel nous les trouvons, ou accédant au *chemin des Sept-Saints*. De là sans doute le nom de *Sept-Saints* imposé aux lieux dont nous parlons.

.•.

Il faut maintenant tracer le *chemin des Sept-Saints*, c'est-à-dire indiquer la suite des voies romaines auxquelles on donna ce nom.

(1) Du Mottay, p. 182.
(2) En Pleuré, les *Sept-Saints*, en Trédias, dont nous venons de parler, et dont il ne reste sur les lieux ni trace ni souvenir.

La route à parcourir enserre un vaste quadrilatère dont les angles sont : Vannes au Sud-Est, Quimper au Sud-Ouest, Saint-Pol au Nord-Ouest et Saint-Malo au Nord-Est. — Or nous trouvons :

1° Sur le côté Sud, la grande voie de Nantes à Civitas-Aquilonia, que nous nommons Quimper (1) ;

2° Sur le côté Ouest, la voie de Quimper à Saint-Pol-de-Léon (2) ;

3° Sur le côté Nord, la voie de Morlaix à Coz-Yaudet (3) s'embranchant à quelques kilomètres de Lannion sur la voie de Coz-Yaudet au fond de la baie de Saint-Brieuc-Yffiniac (4). A ce point accédaient plusieurs voies allant vers l'Est. La plus rapprochée de la mer passait par Matignon, franchissait la Rance, et atteignait Alet (Saint-Servan) et Saint-Malo (5) ;

4° Sur le côté Est, la voie d'Alet à Avranches qui passait à Dol (6). Arrivés là, les pèlerins pour aller à Vannes avaient à choisir entre plusieurs voies. L'une (de Dol à Corseul) (7) les ramenait à Corseul où ils rencontraient la voie d'Alet à Vannes par la Trinité-Porhoët et Saint-Jean-Brévelay (8). Mais à Dinan ils pouvaient prendre la voie qui, venant d'Alet, passait par Dinan, Léhon, Saint-Jouan-de-l'Isle, Saint-Méen, Guer, se dirigeant vers Rieux et la Basse-Vilaine (9), et qui, à Guer, coupait la voie de Rennes à Vannes (10).

Mais le voyageur parti de Dinan pour Vannes est loin de la ligne directe quand il est à Corseul et surtout à Guer. Pour le maintenir dans la direction exacte de Vannes, il faudrait une voie entre les deux que nous venons d'indiquer ; c'est-à-dire

(1) M. Kerviler, 237-250.

(2) Ibid., 266-275.

(3) Gaultier du Mottay, 117.

(4) Ibid., p. 151.

(5) Gaultier du Mottay, 38.

(6) M. Kerviler, 263.

(7) Gaultier du Mottay, 99.

(8) Ibid. 111-114 et M. Kerviler, p. 263.

(9) Gaultier du Mottay, p. 104 Le savant auteur nomme cette voie de *Corseul à Vannes* pour une cause particulière ; mais reconnaît que « le nom d'*Alet à Duretie* (passage de la Vilaine) lui conviendrait mieux. » — M. Kerviler la nomme « voie d'Alet à Guérande. » N° 9, p. 261.

(10) M. Kerviler, n° 6, p. 255.

allant de l'Est à l'Ouest. Elle existait. C'est la voie signalée
dans l'acte de 1340, et que Lobineau a vue près de Saint-
Georges, en Trédias (1). Elle apparaît comme une voie de jonc-
tion entre les deux autres; menée en ligne droite de Lehon
par Trédias, elle devait rejoindre la voie de Corseul au-delà
de Sévignac.

C'est à mi-chemin, entre les deux voies, que se trouvait le
lieu (chapelle ou fontaine), dit les *Sept-Saints*, dont le nom
révèle le passage des pèlerins dès avant 1340. Ils devaient, en
effet, suivre cette route de préférence. Elle était plus courte
de Dinan à Vannes : elle passait près du monastère de Lehon.
Les pèlerins pauvres y recevaient l'hospitalité; et tous priaient
dans cette église vouée à la destruction, il y a cent ans pas-
sés, et qui, réparée par des mains pieuses et habiles, reparaît
aujourd'hui, malgré ses sept siècles d'âge, toute brillante de
jeunesse (2).

Remarquons que deux stations principales du pèlerinage ne
sont pas sur les voies que nous venons de décrire : les cathédrales de Tréguier et Saint-Brieuc. Mais la voie que nous avons
signalée allant de l'Ouest à l'Est, de Coz-Yaudet à Yffiniac,
coupe à La Roche-Derrien une voie venant du Sud au Nord,
de Carhaix à Tréguier qui est à cinq kilomètres de La Roche (3).
Toutefois, il est probable que les pèlerins ne suivaient pas
cette voie pour aller à Tréguier; mais prenaient la route directe
entre Lannion et Tréguier. Ce chemin était plus court (4).

D'autre part, la voie de Coz-Yaudet à Yffiniac arrivée à
deux kilomètres de Saint-Brieuc, au village actuel de Beaulieu,
poussait vers l'emporium et le castrum de Cesson un embranchement qui passait sur le site actuel de la ville (5).

On le voit, les pèlerins auraient pu accomplir le *tour de
Bretagne* sans faire un pas hors des voies romaines ; mais, do

(1) Ci-dessus, p. 21-22.
(2) Le 8 juillet 1897, consécration nouvelle de l'église réparée par M. l'abbé
Fouéré-Macé, recteur de Lehon, avec l'aide des frères de Saint-Jean de Dieu.
(3) G. du Mottay, p. 11.
(4) Exemple : Les deux pèlerines que nous avons vues aller de Tréguier à
Kermartin (route de Lannion) en compagnie de saint Yves. Ci-dessus, p. 16.
(5) Gaultier du Mottay a tracé une grande voie de *Coz-Yaudet à Cesson*,
p. 131 à 163, et pense que de Cesson il y avait une voie sur Yffiniac. C'est très

même qu'ils allaient directement de Lannion à Tréguier sans passer par La Roche-Derrien, de même, à la sortie de Saint-Brieuc, au lieu de revenir sur leurs pas à Beaulieu pour reprendre la voie romaine sur laquelle ils avaient marché depuis La Roche-Derrien, ils descendaient directement sur Yffiniac. Nous avons compté que le *tour de Bretagne* était d'environ 130 de nos lieues; les pèlerins en faisaient six environ hors des anciennes voies romaines.

Voici donc les points principaux de l'itinéraire du pèlerin partant de Dol et prenant son chemin vers Vannes : Dinan, Lehon, Trédias (Saint-Georges), la Trinité-Porhoët, Saint-Jean-de-Brévelay, *Vannes*; Hennebont, *Quimper*; Pleyben, Morlaix, *Saint-Pol-de-Léon* ; Morlaix (retour), Lannion, *Tréguier* ; La Roche-Derrien, Pontrieux, Beaulieu, *Saint-Brieuc* ; Yffiniac, Matignon, *Saint-Malo ; Dol.*

Il faut marquer deux points intermédiaires entre Vannes et Quimper savoir : Pluneret et Sainte-Anne d'Auray, et la fontaine des *Sept-Saints* en Saint-Ivy entre Quimperlé et Quimper.

La voie de Vannes à Quimper, qui évitait la rivière d'Auray, passait par le village actuel de Sainte-Anne : les pèlerins suivant cette voie passaient tout près du champ du Bocenno, où s'élèvera un jour la chapelle vénérée de Sainte-Anne. Qui leur eût dit que, des siècles après eux, la vapeur de l'eau bouillant dans une chaudière amènerait là des pèlerins encore plus nombreux, ayant la même foi et la même espérance !

Sur le prolongement de cette voie, entre Quimperlé et Quimper, au lieu dit Kermaria-an-Hent (Kermaria de la route), en la paroisse de Saint-Ivy, il y a encore une fontaine monumentale nommée au XVe et jusqu'au XVIIe siècle fontaine des *Sept-Saints*. Les pèlerins ne manquaient pas de visiter la fontaine et d'y laisser une offrande... Nous reviendrons sur ce point quand nous parlerons du chiffre total des offrandes recueillies.

possible. Mais le tracé de la voie principale ne pouvait admettre ces zigs-zags. — La voie allait en ligne directe de Beaulieu à Yffiniac; et la voie sur Cesson était un embranchement. Cf. *La voie romaine d'Yffiniac à Morlaix. Congrès de Saint-Brieuc*, 1896, et les observations présentées par M. de Ménorval séance du 26 juin, p. LI.

VI. — Le pèlerinage après saint Yves.

Nous nous sommes arrêtés au temps de la canonisation de saint Yves (1330), dix ans avant le commencement des guerres de la succession de Bretagne (1341).

La guerre et l'occupation anglaise n'allaient pas interrompre le pèlerinage. Nous avons la preuve de ce fait par ce qui nous est appris de Vannes, la ville épiscopale la plus exposée à la guerre. Les Anglais la tenaient et avaient transformé en forteresse l'église Saint-Patern, située hors des murs ; l'entrée de la ville close et celle de l'église étaient interdites ; mais les reliques de saint Patern étaient exposées sous le porche, sur une tombe, dans le cimetière ou dans une chapelle voisine ; les pèlerins arrivaient dans le faubourg les cierges allumés et pouvaient accomplir en toute liberté leurs actes de dévotion (1).

Cette tolérance s'explique : les Anglais étaient catholiques comme les Bretons ; et leur foi commune était un lien et un gage de paix religieuse entre les adversaires. Mais cette paix, garantie à Vannes par un capitaine anglais, était-elle assurée sur les routes, continuellement sillonnées par des partis pillards aux ordres de chefs subalternes, ou manquant d'autorité, ou non moins pillards que leurs soldats ? Comment croire que pendant ces lugubres années le nombre des pèlerins n'eût pas diminué ?

Qu'après la paix, le pèlerinage ait repris faveur, ce n'est pas douteux ; mais fut-il aussi fréquenté qu'avant les guerres (2) ? Nous osons en douter. Les exactions des Anglais, succédant aux ravages de la guerre, épuisaient la Bretagne ; et il lui

(1) Abbé Luco.
(2) Je dois dire pourtant que M. Luce écrit : « Au XIV⁰ siècle, cette forme de la dévotion, loin de se ralentir, semble avoir été pratiquée avec plus d'ardeur, s'il est possible, que dans les siècles précédents. » — *Le Maine sous la domination anglaise*, p. 11.

fallait des années pour recouvrer et l'aisance ancienne et un parfait repos.

On a dit pourtant et on a essayé de démontrer que, à la fin du xiv° siècle, il y eut grande affluence de pèlerins. Ce mot ne dit rien, il faut un chiffre. On l'a donné : trente à trente-cinq mille !

On a cru pouvoir déduire ce chiffre de la somme des offrandes laissées au tronc de saint Patern dont un compte est conservé à Vannes. Le total s'éleva à 100 livres (1), qu'on a évaluées à huit ou neuf mille francs de notre monnaie ; mais que selon une évaluation plus exacte, il faut réduire à environ 5.500 fr. ou 6.000 francs (2).

La modicité des offrandes des pèlerins, pauvres en grand nombre, est attestée par une enquête faite à Vannes en 1400, 1401, 1402. Les témoins sont notamment des chanoines et des curés des environs, qui ont fait le pèlerinage et rendent compte fidèle de ce qu'ils ont vu. Or, ils disent que nombre de pèlerins pauvres ne déposaient en chaque tronc qu'un denier ou même une obole, c'est-à-dire la moitié ou le quart d'un denier.

C'est du chiffre des oblations, et après avoir constaté la modicité des offrandes du plus grand nombre, que l'abbé Luco a déduit le chiffre de trente ou trente-cinq mille pèlerins. La réduction des offrandes de 9.000 ou même 8.000 à 5.500 ou 6.000 francs, ne me porterait pas à abaisser le chiffre des pèlerins : du reste, je le donne sans en prendre la responsabilité (3).

(1) Dans cette somme, le temporal de Saint-Michel compte pour 40 livres, les deux cinquièmes. Ci-dessus, p. 18.

(2) L'abbé Luco a multiplié par 80 ou 90 pour obtenir le rapport de la livre à la fin du xiv° siècle à notre monnaie actuelle. Ce chiffre est beaucoup trop élevé. M. de la Borderie multiplie seulement par 55. — Nous aurons la preuve de l'exagération dans les chiffres mêmes donnés par l'abbé Luco. Il est vrai que le compte de saint Patern se réfère à la livre de Bretagne. Or, la livre de Bretagne valait un cinquième de plus que la livre tournois de France (25 sous au lieu de 20). Lobineau, *Glossaire*, Pr., col. 1304. — Il faut donc ajouter un cinquième à l'évaluation ci-dessus, 1100 francs.

(3) Étant appris que beaucoup de pèlerins pauvres ne donnent qu'un denier ou une obole, la moyenne des offrandes résultant des chiffres de l'abbé Luco semblera bien élevée. Voici ces chiffres :

Je ferai seulement remarquer que la population de la Bretagne d'alors ne pourrait atteindre un million. Encore les
deux évêchés de Rennes et de Nantes, qui comptaient pour
plus du tiers, n'étaient pas représentés au pèlerinage; il reste
donc environ 600.000 âmes pour les sept évêchés : 30.000 c'est
le vingtième; 35.000 c'est le dix-septième de la population
totale. Comptez pour un tiers seulement les vieillards, les
infirmes, les enfants : 30 et 35.000 seront le treizième et le
onzième de la population valide (1)...

N'est-ce pas beaucoup pour l'époque à laquelle nous reporte
le compte de saint Patern ?

.·.

Il est permis de penser que, avant les guerres, au temps de
saint Yves, l'affluence était autre ; et, pour notre part, nous
croyons le P. Champion bien informé quand il date la grande
vogue du pèlerinage du temps de saint Yves.

Nous aurons bientôt la preuve que la décadence était assez
accentuée avant 1421. Mais auparavant, suivons le plus illustre
pèlerin dont l'histoire nous dise le nom.

Offrandes, 8 000 francs, 30.000 pèlerins, moyenne 26 cent. 2/3.
—   8.000 — 35.000 — — 23 c.
—   9.000 — 30.000 — — 30 c.
—   9.000 — 35.000 — — 26 c. 77.

Notez que l'offrande est répétée aux sept églises principales, plus en certains lieux.

L'offrande réduite à la valeur actuelle de 5.500 francs donne pour moyennes, avec 30.000 pèlerins, 18 centimes, et avec 35.000, 15 c. 71.

Nous avouons ne pas voir comment on pourrait déduire, avec une approximation suffisante, le chiffre des pèlerins du chiffre des offrandes.

(1) Nous n'avons aucun dénombrement de la population. Nous savons seulement que vers cette époque (en 1392), on comptait dans le duché 98.417 feux (Lobineau, Hist., p. 465). Mettons en nombre rond 100.000, et supposons sept ou huit personnes par ménage. Nous arrivons à 7 ou 800.000 habitants. Mais le fouage était un impôt roturier dont la noblesse, le clergé et même quelques villes par privilège avaient l'exemption. En ajoutant 200.000 (c'est trop), nous arrivons à un million, chiffre maximum.

Malade de la rougeole à Rennes, en mai 1419, Jean V avait promis le voyage des Sept-Saints. Il accomplit ce vœu au premier temporal, celui de saint Michel. Les dates d'actes authentiques, lettres et mandements signés par le duc vont nous renseigner sur son itinéraire.

Jean V était « à son châtel d'Auray » le 21 septembre (1). C'est quelques jours après qu'ayant visité saint Patern, il partit à pied avec son fidèle amiral de Penhoët : il se dirigea sur Dol et Saint-Malo ; le 22 octobre, il est à Dinan ; il y séjourne et aussi en son château de Jugon où il est encore le 29 octobre (2) ; le 15 novembre, il est à Saint-Pol-de-Léon ; et c'est seulement un acte du 9 décembre qui nous apprend son retour à Vannes. Nous ne disons pas que le 9 décembre soit le jour de son arrivée ; il suffit de remarquer que le jour où le duc arriva à Dinan (22 octobre), le mois du temporal était passé ; et il restait à faire les deux tiers du chemin : le pèlerinage commencé avant la Saint-Michel a excédé de beaucoup le temporal, puisqu'il a duré deux mois jusqu'à l'arrivée du duc à Saint-Pol.

C'est que le duc séjournait de proche en proche et s'écartait de la route par exemple quand il allait à son château de Jugon ; et il s'occupait, comme en ses fréquents voyages, des affaires de l'Etat et de celles de la justice, qui lui tenaient tant à cœur (3).

Un acte du cartulaire de l'église de Quimper, daté de 1421, nous apprend que deux temporaux ont été supprimés (4) ;

(1) Lettres et mandements du duc Jean V, *Société des Bibl. bretons*. Voir dans la savante introduction de M. Blanchard, l'*Itinéraire du duc*. T. I, p. CXIX et V. *Suppl.*, p. 89.

(2) J'ai dit ailleurs : « Le duc séjourna au château de Jugon, appartenant à Marguerite de Clisson, comtesse de Penthièvre... » Lourde erreur : Jugon avait été expressément réservé par Jean III quand il reconstitua le comté de Penthièvre (1317) (Morice, *Pr.*, I, 1270-71).

(3) On a souvent rappelé le mot de Jean V à propos de l'esprit et de la science des femmes, et Molière en a fait son profit (*Femmes savantes*, acte II, sc. VIII.) Mais il faut rappeler à l'honneur du duc ce beau mot : « Protecteur et défenseur de notre peuple, nous désirons pourvoir à ce que Dieu nous a commis, c'est à savoir justice. » Const. de 1420 contre les rapines des sergents. Hévin, *Consultations*, 15-16.

(4) Le Men, 191. — Il cite *Cartul.*, n° 56, f° 1, (lire D).
Par cet acte du 19 mars 1421, les chanoines de Quimper abandonnent toutes

mais il ne nous dit pas depuis quelle époque et quels temporaux subsistaient. D'après ce que nous venons de dire, on ne
peut guère douter que le temporal de Noël si peu suivi ne fût
un des supprimés, et que le temporal de la Saint-Michel, le
plus suivi de tous, ne fût conservé (1).

Pourtant plus de soixante ans après cette date, en 1192, les
pèlerins étaient encore assez nombreux pour que « la neuvaine » des offrandes laissées par eux au tronc de la fontaine
de Kermaria-an-hent, méritât de figurer au rentier d'un prieuré
voisin, celui de Locamand (commune de Fouesnant). Quel en
était le montant ? C'est ce que nous ne pouvons dire. Nous
n'avons pas le rentier de 1192, mais seulement deux rentiers
de 1622 et 1650 qui mentionnent celui de 1192 et l'usage pour
les pèlerins de visiter la fontaine et d'y laisser une offrande.
— Nous reviendrons sur ces mentions.

.•.

On a dit que cent ans plus tard, un bien autre changement
avait été apporté au pèlerinage (2) : la liste des Saints de
Bretagne aurait été modifiée : Saint Pierre et saint Guillaume,
évêque de Saint-Brieuc, y auraient été introduits, en place de
saint Corentin et saint Patern ; les pèlerins, au lieu de visiter
Quimper et Vannes, auraient eu à dédoubler leur station de
Saint-Brieuc et à visiter Nantes ; en sorte que les stations
principales du pèlerinage auraient été désormais Saint-Pol,
Tréguier, Saint-Brieuc comptant pour deux, Saint-Malo, Dol,
Nantes. L'expression *tour de Bretagne* n'est plus exacte.

Le 11 avril 1518, Nicolas Coetanlem, riche armateur de

les offrandes pour la construction des tours de la cathédrale, sauf celles qui
seront recueillies à deux époques de l'année « aux deux temporaux des Sept-
Saints. »

(1) Ci-dessus, p. 18.

(2) Le Men, *Monog. de la cathédrale de Quimper*, p. 192 (1877). — Lazel,
Bull. Soc. Arch. du Finistère, XIII, 298.

Morlaix, dictait son testament qui fut rédigé en latin. Il léguait de grosses sommes à diverses personnes et à de nombreuses églises de Bretagne, France, Allemagne et Espagne, notamment à Saint-Jacques en Galice, enfin aux *Sept-Saints* de Bretagne.

Voici la traduction du legs fait aux Sept-Saints : « Aux Sept-Saints de Bretagne ; sçavoir à M. saint *Pierre* de Nantes, à M. saint Paul, à M. saint Tugdual, à M. saint *Guillaume* de Saint-Brieuc ; à M. saint Samson, à M. saint Brieuc, à M. saint Malo, à chacun d'eux un écu porté et faire le tour ainsi que l'on est accoutumé par le dit testateur ou par quelque autre, au nom du dit testateur et en ses dépens (1). »

Ainsi Coetanlem ordonne un pèlerinage aux sept églises des saints qu'il nomme et l'offrande d'un écu à chaque église. Mais, quoiqu'il dise que l' « on est accoutumé de faire ainsi le tour », nous ne pouvons croire que saint Pierre ait jamais pu être pris pour un des saints que le testateur lui-même nomme *les Sept-Saints de Bretagne* : Ne peut-on pas supposer une confusion entre le nom latin de Pierre et celui de Patern ?

D'autre part, le vieil armateur et marin était-il si bien instruit des noms des saints bretons qu'il n'ait pu faire erreur en nommant Guillaume au lieu de Corentin ? (2) Quelle apparence que la route de Quimper fût abandonnée, et que les Cornouaillais renonçant à fêter le fondateur de l'évêché de Cornouaille reconnussent deux des Sept-Saints, c'est-à-dire deux fondateurs à l'évêché de Saint-Brieuc ? (3)

---

(1) Luzel a donné le testament (*Bull. de la Soc. Arch. du Finistère*, XIII, p. 205-284.

(2) Corentin et non Brieuc, comme le dit Luzel (p. 298), simple inadvertance réfutée d'avance par lui-même (p. 283, note 2).

(3) Remarquons que nous n'avons pas l'original du testament, mais une copie faite en 1531, au cours d'un procès. Luzel a remarqué que la liste d'une trentaine d'églises ou chapelles de Bretagne dotées par Coetanlem contient plusieurs sanctuaires non visités aujourd'hui par les pèlerins, et en omet d'autres, buts de pèlerinages actuels, dont quelques-uns devaient exister au temps de Coetanlem. Nous citerons notamment Notre-Dame de Bon-Secours, à Guingamp, avec sa *frérie blanche*, dont le duc Pierre II était abbé en 1456 ; et Notre-Dame du Folgoat, bâtie si élégamment par Jean V en 1419, et où, du vivant de Coetanlem, la reine Anne était venue en pèlerinage (1505).

C'est sans doute à Coetanlem que faisait allusion l'érudit abbé Daniel, curé de

N'attachons donc pas tant d'importance aux *nouveautés* introduites par Coetanlem et ne croyons pas que ces nouveautés fussent de son temps et même aient été après lui admises en Bretagne.

La preuve nous l'avons déjà donnée : reportez-vous à ce que nous avons dit de la liste des Sept-Saints figurés par Bouchard, au temps même où Coetanlem dictait son testament, et à la liste donnée par le P. Maunoir et le P. Champion en 1687, cent soixante-neuf après lui, liste sur lesquelles nous allons revenir.

Mais auparavant suivons l'histoire du pèlerinage.

.•.

Dans la suppression de deux des quatre temporaux avant l'année 1424, nous avons vu un indice de l'affaiblissement de la vogue du *tour de Bretagne*. On peut croire que la décadence une fois commencée, se continua sans doute en progressant au XVIᵉ siècle; et, aux dernières années du siècle, les guerres de religion rendirent impossible cet acte de religion.

Et cela s'explique trop bien. Les guerres du XIVᵉ siècle n'avaient pas, nous l'avons vu, interrompu le pieux voyage, parce que les Anglais entrés en Bretagne étaient catholiques comme les Bretons. Mais, pendant les guerres de la Ligue, il en allait tout autrement. Les Anglais venus au secours de Henri IV, les lansquenets allemands, les soldats gascons enrôlés dans l'armée royale, étaient anglicans, luthériens, calvinistes. Ils voient des idolâtres dans les catholiques ligueurs ou non : « Ils pillent, disent les Etats *royaux* pourtant, pro-

---

Bulat-Pestivien, quand il écrivait en 1864, avant Le Men *(Ann. des Côtes-du-Nord. Notre-Dame de Bulat,* p. 41, note 1): « Nous avons vu une charte de 1500 qui comptait saint Guillaume, évêque de Saint-Brieuc, au nombre des Sept-Saints bretons, en éliminant un des sept évêques fondateurs de la foi dans nos contrées. C'est le testament d'un riche et opulent marchand de toile de Morlaix... » L'abbé Daniel repousse l'introduction de saint Guillaume sur la liste des Sept-Saints.

fanent et foulent les Saints Sacrements aux pieds (1). » Supposez ces hommes dont l'indiscipline fait une troupe de brigands rencontrant des pèlerins en route !... La prudence recommandait aux pèlerins de ne pas tenter le voyage.

Quand enfin la Bretagne retrouva la paix, le pèlerinage interrompu au temps de sa décadence ne reprit pas. Nous savons d'une manière certaine qu'il n'existait plus en 1622.

Nous trouvons la preuve de ce fait dans deux mentions des rentiers du prieuré de Locamand, signalé plus haut (2). Ces mentions, datées de 1622 et 1650 sont relatives aux offrandes déposées à la fontaine de Locmaria-an-hent. Elles sont identiques; mais au rentier de 1650, il a été fait une rature qui n'est pas sans intérêt.

Voici l'extrait de ce dernier rentier :

« Droits seigneuriaux dus au prieuré selon qu'ils ont été extraits du rentier général... au mois d'août 1492...

« *Item* la neuvaine de tout ce qu'une personne déposera en allant le viage des Sept-Saints de Bretagne » (ces deux derniers mots rayés).

Et en marge : « C'est une fontaine qui jadis était fort fréquentée de pèlerinage, laquelle est au fief de Logomand, située proche Trefflédern (3). »

Cette phrase démontre que, en 1622, les pèlerins ne visitaient plus la fontaine, en d'autres termes, que le pèlerinage avait cessé; mais que le souvenir en restait encore en 1650.

Mais la rature des deux mots *de Bretagne* nous fournit un autre renseignement.

Quels sont l'auteur, la date, la cause de cette rature ? Voici,

(1) Remontrances des Etats au Roy, 4 janvier 1503 (Morice, *Pr.*, III, col. 1567). Sur ces actes de sauvagerie sacrilège, chanoine Moreau, *La Ligue en Bretagne*, chap. XIX, p. 138, et Morice, *Hist.*, II, 308-399. — Quant à l'effroyable indiscipline de l'armée royale, le calviniste Montmartin voit, dans le désastre de Craon « une juste punition de tant de ravages et d'inhumanités sur le pauvre peuple ». Morice, *Hist.*, II, CCXXXVI (Mém. de Montmartin).

(2) Ci-dessus, p. 25, 31.

(3) Rentiers de Locamand (ou Logomand), *Archives du Finistère*, D, 21 (1622) et 17 (1650). — Comme on le voit, ce n'est pas seulement au xvie siècle (Le Men, p. 191), mais au milieu du xviie que la fontaine était dite des *Sept-Saints*. Je dois cet extrait des rentiers à M. le chanoine Peyron, vice-président de la Soc. Arch. du Finistère.

je pense, la réponse. Les mots *les Sept-Saints de Bretaigne*
existent au rentier de 1622. Le copiste de 1650 a sous les yeux
le rentier de 1492, il le copie exactement, puis il se ravise ; il
se demande ce que veulent dire ces mots *Sept-Saints de Bretaigne* ; et ne trouvant pas la réponse, il efface les deux mots
qui lui sont une énigme.

Après lui d'autres ne seront pas mieux instruits ; et aujour-
d'hui nous pouvons voir dans la chapelle de Kermaria-an-hent
un vieux tableau représentant sept saints, mais pas nos Sept-
Saints bretons.

.*.

Toutefois le souvenir des Sept-Saints de Bretagne, perdu à
Locamand, restait vivant ailleurs. A la fin du xviiᵉ siècle,
nous l'avons vu par le témoignage du P. Maunoir ; et il faut
rapprocher de ce témoignage celui du P. Champion que nous
allons donner en entier, et une séquence imprimée au propre
de Quimper, en 1702, que nous donnerons ensuite.

En 1683, les Bollandistes trouvant dans les actes de saint
Yves la mention des Sept-Saints de Bretagne et de leur pèlerinage, interrogèrent le savant P. Champion, jésuite breton
résidant à Brest. Ils demandaient — on le voit par la réponse :—
Quels sont les Sept-Saints de Bretagne ? Où étaient-ils honorés ? Que fut leur pèlerinage ? Saint Yves l'a-t-il accompli ?
Les Sept-Saints ont-ils un jour de fête et quel jour de l'année ?

Le P. Champion répondit en donnant les noms des Sept-
Saints que nous connaissons, et il ajouta : « La piété de nos
pères a consacré çà et là en Bretagne plusieurs autels et quelques chapelles ; — au nombre de ces sanctuaires est la principale église de la ville de Brest aujourd'hui paroissiale, autrefois seulement chapelle ; — un pèlerinage célèbre et fréquenté
surtout au temps de saint Yves se faisait aux sept cathédrales
des villes dont ils (les Sept-Saints) furent évêques ; — en ces
églises ou en quelqu'autre lieu, les Sept-Saints ont-ils une

fête collective et à quel jour de l'année ? C'est ce que je n'ai
pu savoir. »

Les Bollandistes se sont, à ce qu'il paraît, contentés de ces
réponses si peu précises. A leur place nous aurions voulu en
savoir plus long; et combien il aurait été facile au P. Champion
de les renseigner ! Que ne lui ont-ils adressé cette requête :
« Ecrivez en chaque diocèse : chacun vous donnera la liste
des autels des Sept-Saints et des chapelles qui leur sont consacrées : et chacun vous dira si dans ses limites il y a une fête
des Sept-Saints et quel jour elle est célébrée. »

Nous avons essayé de faire l'enquête que le P. Champion a
négligée. Mais deux cents ans après lui, c'est trop tard ! Jusqu'à
ce moment le résultat de cette enquête est presque nul.

Ainsi nous n'avons à vous signaler qu'un seul autel des
Sept-Saints élevé dans une cathédrale : c'est celui de Quimper
que nous connaissions déjà.

Quant aux chapelles des Sept-Saints semées par la Bretagne,
nous en signalerons seulement neuf — dont quatre sont à
l'état de souvenir : leurs ruines mêmes ont péri.

Pour l'office spécial des Sept-Saints, leur fête à un jour de
l'année, nous ne les trouvons nulle part, pas même à Quimper.
Le propre de Quimper, imprimé après la mort du P. Champion,
ne contient pas cet office. Si l'église de Quimper n'avait pas
d'office propre, à plus forte raison les six autres églises qui
n'avaient pas d'autel des Sept-Saints.

Mais si la fête des Sept-Saints n'était pas célébrée dans les
églises principales du pèlerinage qui n'avaient pas le vocable
des Sept-Saints, ne l'était-elle pas en quelques chapelles portant ce vocable ? On ne comprend guère en Bretagne une
chapelle rurale sans *pardon* ; et une chapelle des Sept-Saints
n'avait-elle pas un jour consacré à la fête patronale et collective des Sept-Saints ?

La question reste sans réponse.

Mais nous avons la preuve que dans la cathédrale de
Quimper les Sept-Saints qui y avaient un autel n'y avaient
pas d'office propre. Nous sommes assurés du fait par le propre
même du diocèse, imprimé en 1702, et dans lequel se trouve,
à l'office de saint Corentin, la séquence à laquelle nous avons
fait allusion. Elle commence ainsi :

Septem Sanctos veneremur	Vénérons les Sept-Saints
Et in illis admiremur	et admirons en eux
Septiformam gratiam :	les sept dons de l'Esprit ;
Qui perversos converterunt,	ils ont converti les infidèles,
Qui repleti repleverunt	remplis de la science sacrée
Dogmate Britanniam...	ils en ont rempli la Bretagne...
His præfulsit Corentinus,	A leur tête brille Corentin
Quem Paternus, Maclovius	que Patern et Malo
Dùm hic locus visitatur	le visitant en ce lieu même
Admirantur nimium.	admirent sans réserve.

Pendant que l'église de Quimper chantait au dernier siècle saint Corentin et les six autres Saints de Bretagne, la cathédrale gardait l'ancien autel des Sept-Saints ; il a subsisté usqu'aux sacrilèges dévastations de la fin du siècle.

L'hymne ne se chante plus. L'autel a disparu ; seul le dais qui le couronnait en marque la place au pilier droit de l'entrée du chœur. Les Sept-Saints sont peints au retable de l'autel de Notre-Dame de la Victoire, dans la chapelle absidale. Souvenir qui ne remplace pas l'autel !

Si je suis bien informé, c'est la seule image collective des Sept-Saints qui reste dans les sept églises, stations et buts du célèbre pèlerinage (1).

VII. — Souvenirs actuels des Sept-Saints.

Mais ne direz-vous pas : « Aux temps anciens, les Sept-Saints de Bretagne et leur pèlerinage lui-même si populaire, n'ont-ils pas eu une *histoire écrite* ? »

Au milieu du xv° siècle il existait un *légendaire* des Sept-Saints ; c'est-à-dire un recueil où étaient réunies leurs *vies*.

(1) Je veux dire que c'est la seule *memoria* collective des Sept-Saints. Chacun d'eux a sa statue en nombre de sanctuaires et son autel en plusieurs. A Tréguier, les sept sont sculptés au tombeau de saint Yves, mais avec plusieurs autres saints, et ils ne sont pas là en tant que *Sept-Saints de Bretagne*.

L'évêque Jean de Coëtquis, évêque de Tréguier de 1451 à 1461, en donna un exemplaire à son église; et le Chapitre tenait ce cahier en telle estime que, en 1468, après la mort de l'évêque, il dépensa pour le faire relier la somme « de III sols VIII deniers (1), » le tiers d'une livre de 20 sols, environ 16 fr. 50 monnaie actuelle. Si ce recueil n'a pas été imprimé dans les années qui suivirent.. ne nous étonnons pas trop qu'il ait disparu.

C'est une chose surprenante que le souvenir des Sept-Saints, qui allait vivre en Cornouaille jusqu'à la Révolution, se soit, dans les dernières années du XVIIe siècle, presque subitement perdu dans les autres évêchés bretons, même dans le clergé.

Les hésitations et les erreurs de Lobineau, qui imprimait son *Histoire* en 1707, sont une première preuve de ce fait singulier. Mais voici une autre preuve bien plus certaine encore. Nous la tirerons d'une brève notice sur chacune des chapelles existant aujourd'hui, au moins à l'état de souvenir, sous le vocable des *Sept-Saints.*

Nous en avons retrouvé sept : une à Brest, trois dans le département actuel des Côtes-du-Nord, au Vieux-Marché, Yffiniac et Erquy, deux dans le Morbihan, à Kergrist-Neuliac et Erdeven, une dans la Loire-Inférieure.

• •

I. — La chapelle des Sept-Saints à Brest était un ancien prieuré de l'abbaye de Saint-Mathieu. Selon le P. Champion, seule de ce vocable en Bretagne, elle fut église paroissiale, elle avait ce titre dès le commencement du XVIIe siècle et elle

(1) « *Item* pour relier le légendaire des Sept-Saints que l'évêque Jehan Quetquis donna à l'église, relié par Dom Yves Donon..... III s. VIII den. ». Compte de Bertram de Boesgelin, procureur de la fabrique de Tréguier, 1468-1469. (Arch. des Côtes-du-Nord, Fonds du Chapitre de Tréguier, S. G.) Comm. de M. le chanoine de la Villerabel.

le garda jusqu'à la fin du siècle (1). Au dernier siècle, la chapelle conservait le vocable ancien des Sept-Saints ; mais ces
sept saints étaient les *sept frères, fils de sainte Symphorose*,
martyrs avec leur mère, à Tibur, au II⁰ siècle. Du moins, un
tableau sauvé de la chapelle et conservé à l'église Saint-Louis,
représente-t-il le martyre de sainte Symphorose et de ses
sept fils (2). D'autres, dans les Sept-Saints de Brest, voyaient
les sept fils de sainte Félicité Romaine, martyrisés avec leur
mère, à Rome, au II⁰ siècle (3).

La preuve de cette confusion, faite au dernier siècle, se tire
même du vocable des *Sept-Saints :* Les sept martyrs, fils de
sainte Symphorose ou de sainte Félicité, ne figurent pas au
martyrologe sous le nom des Sept-Saints, mais des *sept frères
martyrs.* Et puis, comment expliquer que le vocable d'une
chapelle dédiée à une mère et à ses fils omette le nom de la
mère ?

La vérité est que la chapelle était encore, en 1683, dédiée
aux Sept-Saints de Bretagne ; que les noms de ces saints,
rappelés par le P. Champion, étaient oubliés quelques années
après lui ; et que, sans prendre la peine de s'en enquérir, on
a cherché au martyrologe sept saints honorés ensemble, pour
leur rendre un culte collectif sans changer le vocable de la
chapelle.

Nous allons voir le même fait se produire ailleurs.

II. — La chapelle des *Sept-Saints*, autrefois commune de
Plouaret, aujourd'hui du Vieux-Marché, sur le bord de la voie
romaine de Carhaix à Coz-Yaudet (1).

(1) Rens. fournis par M. Lemoine, archiviste du Finistère.
(2) Rens. de M. le chanoine Peyron. — Cambry ne mentionne pas ce tableau
parmi ceux qu'on a pu sauver, et « les autres, dit-il, ont été vendus, lacérés
ou brûlés dans les mouvements d'un zèle sauvage. » (*Objets ayant échappé
au vandalisme*, etc., p. 97 de la 2⁰ édition).
(3) Le Vot. — La fête de sainte Félicité se célèbre le 18 juillet ; celle de sainte
Symphorose le 18. De ce rapprochement est peut-être née une confusion. Ne
pas confondre cette sainte Félicité avec son homonyme, compagne de sainte
Perpétue (fête le 1⁰ juin.)
V. Ogée (I, p. 13)) et le baron de Courcy (*Itinéraire de Rennes à Brest*,
p. 36). Vendue nationalement, la chapelle devint une auberge, et elle a gardé
cette destination jusqu'à sa démolition, en 1844.
(1) La voie de Carhaix à Coz-Yaudet. Gaultier du Mottay, p. 16.

Elle offre cette particularité unique de couvrir un dolmen. M. de Courcy suppose, avec toute vraisemblance, que le culte des Sept-Saints a été substitué à quelque pratique païenne attachée au dolmen. Mais est-il dans le vrai quand, acceptant sans objection le sens donné actuellement au vocable, il reconnaît pour patrons les *Sept Dormants* d'Ephèse (1) ?

Voici une objection. Le remplacement par une consécration chrétienne de quelque culte païen n'a pu se faire qu'aux temps qui ont suivi l'évangélisation des v⁰ et vi⁰ siècles. Or, comment à cette époque, la chapelle aurait-elle été dédiée aux Sept-Dormants ? Si je suis bien informé, leur histoire n'a été révélée à l'Occident que par Jacques de Voragine. Celui-ci écrivait dans la seconde moitié du xiii⁰ siècle (il est mort en 1208). Sa *Légende dorée*, traduite en français seulement en 1476, n'a pu devenir populaire en France qu'à la fin du xv⁰ siècle.

Or, dès le temps où Voragine écrivait, les *Sept-Saints de Bretagne* étaient en grand honneur, et leurs pèlerins passaient sur la voie qui borde la chapelle. Le vocable des *Sept-Saints* ne dut-il pas originairement s'entendre des *Sept-Saints de Bretagne ?* Et n'est-ce pas seulement à la reconstruction de la chapelle, entre 1701 et 1711, que le titre des Sept-Saints fut transféré aux sept Dormants (2) ?

C'est alors aussi que naquit la légende d'après laquelle sept statues de pierre furent *miraculeusement* trouvées dans le dolmen.

On sait le goût des habitants des campagnes bretonnes et leur naïve croyance au merveilleux. Or, ni la légende des saints de pierre, même rimée en un cantique breton de cinquante-quatre couplets en l'honneur de sept Dormants (3), ni leurs sept statuettes posées dans la chapelle n'ont convaincu les doyens de la paroisse ! Interrogez-les : ils vous diront que les Sept-Saints patrons de la chapelle sont les Sept-Saints

(1) *Itinéraire de Rennes à Brest*, p. 197.

(2) La date de la reconstruction est donnée par une inscription que M. de Courcy a reproduite (*Itinéraire*, p. 197). « Je suis bâtie des aumônes et par les soins de Yves Le Denmat, depuis 1703 jusqu'à 1711. » — *Itinéraire*, p. 197.

(3) *Guers ar Seis Sant en parous ar c'hos-carc'hix*, Lannion, en ty an Goffic, Monier-lerrer (sans date.)

bretons. Ces braves gens ont assurément reçu cette indication de vieillards qui pouvaient la tenir de contemporains de
la chapelle remplacée en 1711 par la chapelle actuelle. Leur
parole n'est-elle pas l'écho fidèle de l'antique tradition ?

III. — La chapelle de Saint-Laurent, de Saint-Laurent des
Sept-Saints, ou simplement des Sept-Saints, aux confins de la
commune d'Yffiniac, au bord de la voie romaine de Carhaix
à Alet, touchant au fond de la baie de Saint-Brieuc (1).

Presque entièrement reconstruite en 1850, elle a remplacé
une chapelle dont un linteau portait la date *1681*, mais dont
la fondation était bien antérieure. Elle était le but d'un pèlerinage très suivi. Le pardon se célébrait le premier dimanche
d'octobre. La chapelle, vendue nationalement, tombait en
ruines quand la fabrique l'a acquise en 1833. Près de la chapelle
se voit une fontaine ancienne dite aussi des Sept-Saints, et
contenant sept niches depuis longtemps vides.

Dans la chapelle, au-dessus de l'autel, sont sept statuettes
toutes modernes, mais auxquelles on n'a pas imposé les noms
des Sept-Saints de Bretagne. Il est même à remarquer qu'ici
on ne s'est pas préoccupé, comme à Brest et au Vieux-Marché,
de trouver sept saints qui, rapprochés dans la vie ou dans
une mort glorieuse, pouvaient raisonnablement être unis dans
un culte collectif. Voici les sept saints d'Yffiniac : Pabu,
Meen, Armel, Cadoc, Laurent, Fiacre, Lubin; Tugdual, dit en
ce pays *Pabu*, est le seul des Sept-Saints de Bretagne figuré

---

(1) Gaultier du Mottay, p. 51. — L'auteur ne signale pas la chapelle.
Je dois les indications qui suivent à M. l'abbé Le Covec, curé d'Yffiniac.
La chapelle est souvent dite en Plédran ; mais elle se trouve en Yffiniac.
Habasque (*Notions...*, II, p. 351, note 1) signale la chapelle et la belle fon-
taine des Sept-Saints. « Les Bas-Bretons, dit-il, viennent en pèlerinage et s'y
lavent pour obtenir la guérison du mal qu'ils appellent de *Saint-Laurent*. »
— De même Jollivet, *Les Côtes du-Nord*, I, 69.
Ce nom de chapelle Saint-Laurent n'est pas nouveau. On le trouve dans une
lettre de Mgr Melchior de Marconnay, évêque de Saint-Brieuc (1601-1618),
prescrivant une enquête sur un miracle obtenu dans la chapelle. (D. Guépin,
Notre-Dame de la Délivrance, à Quintin.) — Au dernier siècle, la chapelle
était toujours desservie par un prêtre qui prenait dans les actes publics le titre
de chapelain de Saint-Laurent des Sept-Saints. »

dans la chapelle. Saint Brieuc, qui vécut à si peu de distance, n'y a pas trouvé place !

Les quatre premiers saints bretons du vi^e siècle ont pu se rencontrer sur terre ; et, bien que l'hagiographie ne leur attribue pas une action commune, on peut admettre à la rigueur qu'ils aient été rapprochés en tant que contemporains. Mais voici où la fantaisie s'est donné libre carrière.

Le cinquième saint est Laurent, le célèbre diacre romain, martyr au IIIe siècle. Le sixième est Fiacre, moine irlandais du vi^e siècle, patron des jardiniers, et sans doute introduit sur la liste par les nombreux maraîchers d'Yffiniac. Le septième, enfin, est Lubin, né à Poitiers, évêque de Chartres en 511, patron des hydropiques, parce qu'il en guérit un, des fabricants de chandelles, à cause d'un miracle arrivé lors de sa sépulture, et enfin, on ne sait trop pourquoi, des déchargeurs de vin à Rouen. On ne voit pas qu'un de ces patronages ait pu déterminer la *nationalisation* de saint Lubin à Yffiniac.

Aujourd'hui, saint Carlo surtout est invoqué pour la guérison des coups et blessures. Les pèlerins, après avoir visité la chapelle, ne manquent pas de visiter la fontaine (1).

IV. — Au bourg d'Erquy, l'ancienne *Reginea*, près de la voie romaine conduisant de *Reginea* à Corseul (2), la chapelle nommée Notre-Dame des Sept-Saints.

Cette chapelle a été rebâtie, il y a une trentaine d'années, en place d'une très ancienne chapelle entourée de sept croix, dont on voit encore les soubassements. Le souvenir des Sept-Saints bretons avait persisté à Erquy ; et leur culte y a été heureusement rétabli, il y a quelque trente ans. Un évêque de Saint-Brieuc, de pieuse et érudite mémoire, Mgr David, consacra la nouvelle chapelle et lui fit don d'un beau reliquaire, à sept arcades ogivales, contenant des reliques des *Sept-Saints de Bretagne*. « Voilà donc un sanctuaire bien et

---

(1) Saint Carloc ou Carlo semble être le même que saint Cast. — Plusieurs jettent de la boue dans les niches visées : si la boue sèche ou ne sèche pas, on juge que le mal guérira ou ne guérira pas. Les curés d'Yffiniac luttent en vain contre cette absurde pratique. Il y a un moyen de la faire cesser : ce serait de remplir les niches des statuettes des vrais Sept-Saints.

(2) Gaultier du Mottay, p. 129.

dûment consacré à nos chers Sept-Saints (1). » Mais hélas ! c'est le seul.

V. — En la paroisse de Kergrist-Neuliac, à peu de distance de la voie de Carhaix à Rennes (2) la chapelle dite de Saint-Mérec, abbé ou évêque, renferme les statuettes de nos Sept-Saints de Bretagne en évêques et en costume du xvᵉ siècle (3). — La chapelle porte encore le nom de chapelle des saints Mérec ou Mairet. On conte que les sept frères, nourris par une chèvre ou une biche dans un bois voisin devinrent évêques (4).

Ajoutons que, à quelques centaines de mètres au Nord de la chapelle, dans une lande voisine de l'ancien manoir de Perchennic, près de la limite de Saint-Connec, il y a une fontaine en granit sous le vocable de saint Patern (5).

VI. — En la paroisse d'Erdeven, sur la côte du Morbihan, se trouve un village dit *les Sept-Saints*, où était autrefois une chapelle, but, selon la tradition, d'un pèlerinage très suivi avant la Révolution. La chapelle, qui paraissait dater du xvᵉ siècle, était tombée en ruine, et ses débris ont servi, il y a quarante ans, à l'agrandissement d'une chapelle au bourg. A cinquante mètres, il y a une fontaine dite des *Sept-Saints*, aujourd'hui ruinée, mais dans laquelle les pèlerins jettent souvent des pièces de monnaie.

Du reste, de nos jours encore, le culte des Sept-Saints, non autrement désignés, est en honneur dans la paroisse, et chaque dimanche, à la grand'messe, il se fait une quête en l'honneur des Sept-Saints. Le pèlerinage existe encore; il se fait surtout

(1) « Cette ancienne chapelle avait elle-même remplacé un sanctuaire peut-être contemporain de la prédication chrétienne au vᵉ siècle. » Rens. de M. l'abbé Daniel, curé-archiprêtre de St-Sauveur de Dinan, qui, alors secrétaire de l'évêché, eut mission d'installer et de consacrer le reliquaire dont il va être parlé, et « s'acquitta de cette mission avec une joie double, comme prêtre dévoué à nos saints et comme archéologue. »

(2) Gaultier du Mottay, p. 63.

(3, 4, 5) Je tiens ces renseignements de mon ami Ch. de Keranflec'h-Kernezne, qui, au château du Quélénec, est voisin de Neuliac.

les trois premiers samedis de mai. — Le pardon avait lieu le premier dimanche de mai (1).

VII. — A cette liste de chapelles des Sept-Saints, situées dans les limites de leurs anciens diocèses, il faut en ajouter une autre située dans le diocèse de Nantes.

En la commune de Conquereuil (canton de Guémené-Penfao, arrondissement de Saint-Nazaire), près du château de Pont-Veix, au bord même de l'ancienne voie romaine conduisant de Blain vers la Vilaine (2), il existe une chapelle placée sous le vocable de Saint-Anne, mais nommée autrefois chapelle des Sept-Saints, autrement (par corruption) de Lessaint (les Saints). On voyait autrefois dans la chapelle sept statuettes en bois, très anciennes, occupant sept niches distinctes, représentant sept saints avec leurs attributs ; mais les noms de ces saints étaient perdus, il y a près d'un demi-siècle. A cette époque, vers 1852, la chapelle fut reconstruite ; et avec le *goût* qui préside d'ordinaire à ces réfections, les sept niches furent supprimées. Il y a vingt ans les statuettes furent offertes à un brocanteur qui n'en voulut pas; six d'entre-elles furent remisées au grenier de la chapelle neuve ; la septième, moins vermoulue que les autres, fut placée dans le chœur de la chapelle où elle figure encore sous le nom de saint Méen (3).

.'.

Voilà pour les chapelles. Parlons maintenant des fontaines et des lieux dits Sept-Saints.

(1) Je dois ces renseignements à M. l'abbé Camper, curé d'Erdeven, avec une légende qu'on lira plus loin. — Il ajoute que l'on conduit les petits enfants à la fontaine pour leur donner des forces, et que les scrofuleux la visitent aussi.
(2) Sur ce point, cf. M. Kerviler, Voie n° 17, p. 271.
(3) Cette chapelle m'a été indiquée par le M⁰ de l'Estourbeillon.
M. l'abbé Cotteux qui, à ma demande, a bien voulu visiter la chapelle, m'a transmis ces renseignements ou les a consignés dans le *Journal de l'arrondissement de Châteaubriant*, 29 mai 1897.

VIII. — A Bulat-Pestivien, à deux cents mètres du bourg, les fontaines dites des *Sept-Saints*.

Il y a sept fontaines contiguës; chacune d'elles est surmontée d'une niche vide. On ne garde pas souvenir d'une chapelle dite des Sept-Saints. Rien d'étonnant, puisque les fontaines sont à deux cents mètres de l'église de Notre-Dame où pouvait être autrefois un autel des Sept-Saints. Quoiqu'il en soit, pas un des nombreux pèlerins de Notre-Dame (fête le dimanche qui suit la fête de la Nativité) ne manquerait à visiter les fontaines. Quels sont ces saints ? Les pèlerins ne les nomment pas. La pensée des Sept-Saints de Bretagne se présente naturellement à l'esprit. — Remarquons que les fontaines sont sur la route de Tréguier à Rostrenen, autrefois route de Tréguier à Vannes (1).

IX. — A Locmaria-an-hent, dont nous avons parlé plus haut, dans la chapelle contiguë à la fontaine des *Sept-Saints*, on voit un tableau ancien, sans aucun art, mais qui, pour nous, ne manque pas d'intérêt. Il représente, comme celui de Brest, le martyre des sept fils de sainte Félicité ou de sainte Symphorose (2). Il est bien clair que ici, comme à Brest, quand on eut perdu les noms des Sept-Saints anciennement honorés, quand le nom de *Sept Saints de Bretagne* n'eut plus de sens, et qu'on effaça les deux derniers mots sur le rentier dont nous avons parlé (3), on chercha au martyrologe sept saints pouvant être unis dans un culte collectif.

X. — Dans la commune de Glomel, trève de Trégornan, une métairie nommée les Sept-Saints.

On n'a pas gardé souvenir d'une chapelle des Sept-Saints ; mais on ne peut guère douter que le village ne prenne son nom du voisinage d'une chapelle depuis longtemps disparue, consacrée sous ce vocable. Un vénérable curé mort octogé-

(1) Je dois ces renseignements à M. l'abbé Keranflec'h, curé de Bulat-Pestivien.

Cf. *Notre-Dame de Bulat. Les Fontaines de Notre-Dame*, par l'abbé Daniel. *Annuaire des Côtes-du-Nord* (1864), p. 1, 40-42.

(2) Rens. fourni par M. le chanoine Peyron.

(3) Ci-dessus, p. 34.

naire, en septembre 1896, après avoir passé cinquante-sept ans à Trégornan, avait cette pensée et professait une dévotion particulière pour les *Sept-Saints*, entendant par ces mots, on n'en peut douter, les Sept-Saints bretons (1).

Le site des *Sept-Saints* est à peu de distance de la voie romaine de Carhaix à Vannes (2).

Ajoutons, pour être complet, que plusieurs fragments de chemins gardent encore le nom de *chemin des Sept-Saints* Il s'en trouve dans le Morbihan : ces tronçons peuvent être les restes des voies romaines conduisant autrefois les pèlerins de Vannes à Quimper, Est à Ouest, ou des voies descendant de Dol et Alet sur Vannes (Nord-Est au Sud-Ouest) par Saint-Jean de Brévelay. — D'autres chemins du même nom peuvent conserver le souvenir de voies antiques conduisant aux églises principales stations du pèlerinage.

Je ne puis indiquer la situation de ces fragments de chemins. Je rappelle seulement que, en 1316, nous avons trouvé en Trédias un *chemin des Sept-Saints*, introuvable de nos jours. Ainsi, sans doute, est-il de beaucoup d'autres.

Résumons ce que nous venons de dire.

Sans parler des chemins gardant encore le nom des Sept-Saints, voilà dix lieux, chapelles, fontaines ou villages dits les *Sept-Saints*. Dans tous ces lieux, les vrais noms des Sept-Saints de Bretagne ont été oubliés, et dans un seul, à Erquy, ils ont été restitués, et seulement depuis peu d'années.

Dans quatre endroits, à Erdeven, Conquereuil, fontaine de Bulat-Pestivien, village de Glomel, on se contente de cette dénomination de *Sept-Saints* sans rechercher le nom de chacun des Sept.

Dans trois autres lieux, pour suppléer aux noms oubliés, on a demandé à l'histoire les noms de sept saints qui pussent être raisonnablement l'objet d'un culte collectif. A Brest et à la fontaine de Kermaria-an-Ilent, les sept saints sont les frères martyrs, fils de sainte Symphorose ou de sainte Félicité

(1) L'abbé Pierre. (Rens. de M. le Vᵗᵉ du Fou de Kerdaniel, propriétaire des *Sept-Saints*.)

(2) Gaultier du Mottay, p. 76.

Romaine. Au Vieux-Marché ce sont les Sept-Dormants d'Éphèse.

A Yffiniac c'est la fantaisie ou des dévotions particulières qui ont dressé une liste de saints, parmi lesquels plusieurs étrangers à la Bretagne, et dont un seul, saint Pabu (Tugdual), a sa place parmi nos Sept-Saints de Bretagne.

A Kergrist-Neuliac et aux environs on donne aux Sept-Saints, réputés frères, un nom de famille *Merec* ou *Mairet*.

Voilà un premier résultat de notre enquête aux lieux gardant le nom de *Sept-Saints*; mais il y a des lieux qui ne gardent pas ce nom, et où se retrouvent, par tradition, des listes de saints réunis non dans un culte collectif, mais dans un souvenir commun. Ces listes comprennent d'ordinaire *sept* saints; et c'est ce nombre de *sept* qui m'autorise, je crois, à faire mention de ces listes.

Les noms qu'elles comprennent sont les noms de patrons de paroisses ou de saints réputés fondateurs de la foi chrétienne aux environs. — Ici, vous le voyez, nous sommes en pleine légende.

VIII. — Les Légendes.

La légende doit avoir sa place dans cette étude.

Le compte-rendu de l'enquête malheureusement insuffisante que nous avons pu faire serait incomplet si nous ne faisions pas connaître les légendes qui ont pris la place de l'histoire des Sept-Saints, et qui se répètent et sont encore acceptées de nos jours. Ces légendes se retrouvent en particulier à Erdeven, aux environs de Ploërmel, à Kergrist-Neuliac et environs, à Yffiniac. Leur énoncé n'est pas inutile. Quels que soient les ornements dont l'imagination les ait parées, elles ont, vous le verrez, un fonds commun; et vous reconnaîtrez sans peine qu'il est vrai de dire :

Souvent un peu de vérité
Se mêle au plus grossier mensonge.

4

Voici ces quatre légendes :

Légende d'Enleven. — Une pauvre femme d'une seule couche avait eu sept fils. Résolue d'en garder un seul, elle chargea une servante d'aller noyer les six autres. La servante mit les six enfants dans un *crible*, et se hâta vers la rivière. A mi-chemin, pour se reposer, elle déposa le crible sur un bloc de granit et s'assit auprès. Aussitôt elle vit le crible s'enfonçant dans le granit ; épouvantée elle voulut se lever ; mais elle-même était *collée* à la pierre. Eperdue, elle entendit une voix disant : « Rapporte les enfants auprès de leur frère. » La femme, tout à l'heure attachée au rocher, se sent libre, prend le crible et marche. En route, elle trouve le père des enfants revenant de son ouvrage. Celui-ci mit les enfants en nourrice : tous les sept devinrent évêques.

Leurs noms, direz-vous ?... On ne les nomme pas.

En preuve de ces dires, on vous montrera à cinquante mètres de l'emplacement de l'ancienne chapelle des Sept-Saints le bloc de granit sur laquelle fut posé le crible. Sur ce bloc, on remarque une dépression de quatre ou cinq centimètres de profondeur, à peu près circulaire. C'est l'empreinte du crible. A côté se voient des lignes irrégulières. Ce sont les marques laissées par les vêtements de la femme qui s'est assise là (1).

Dans l'arrondissement de Vannes, au sud de l'Oust, nous trouvons une légende analogue.

Ce n'est plus une pauvre femme qui met au monde sept enfants : c'est une reine d'Irlande. En l'absence du roi, elle ordonne de les noyer. Mais la femme qui portait le panier les renfermant rencontre le roi revenant d'une expédition loin-taine. Le roi entend des plaintes sortant du panier, il l'ouvre : la femme avoue l'ordre qu'elle exécutait. Le roi lui pardonne à la condition qu'elle laisse croire à la reine que les enfants sont noyés. — Le roi les fait élever et, quand ils ont grandi, les présente à la reine qu'il condamne à mort. Mais les sept intercèdent pour leur mère et le roi pardonne. — Bientôt ils demandent à se retirer du monde. Le roi consent à contre cœur ; mais il en garde un. Les six autres passent la mer,

(1) Je dois cette légende à M. l'abbé Camper, nommé plus haut, p. 41.

débarquent en Bretagne où ils sont bientôt rejoints par leur frère ; et tous sept deviennent moines ou évêques. Les noms de ceux-ci sont connus : c'est Jacut, resté le dernier en Irlande, Maudez, Congar, Gravé, Perreux, Gorgon et Dolay (1).

Cinq d'entre eux, Jacut, Congar, Gravé, Perreux et Gorgon sont patrons de paroisses portant leurs noms, situées entre l'Oust et la Vilaine (arrondissement de Vannes). Dolay a sa paroisse dans le même arrondissement, mais sur la rive gauche de la Vilaine. Maudez a une chapelle avec une fontaine aujourd'hui comblée dans la commune de la Croix-Helléan, près de Josselin.

D'après la légende, les sept enfants de la reine d'Irlande devaient être noyés dans cette fontaine.

Voici une troisième légende répandue dans la partie de l'ancien évêché de Cornouaille comprise aujourd'hui dans les Côtes-du-Nord et le Morbihan, notamment cantons de Mûr et Pontivy.

Sept enfants, nés ensemble, comme ceux dont nous venons de parler, furent abandonnés, disons mieux, exposés par une mère dénaturée. La légende dit le lieu : ce sont les bois du Quélenec, appartenant à notre savant confrère, mon vieil ami Charles de Keranflec'h-Kernezne. Ces enfants furent nourris par une chèvre blanche, disent la plupart, une biche, disent quelques-uns. Mais tous sont d'accord sur le lieu où ils furent élevés. Dans le bois il y a un rocher de la Chèvre, une fontaine de la Chèvre et un canton des Sept-Fontaines... C'est là !...

Les sept enfants grandirent et devinrent tous évêques. — Tous sont honorés sous un seul nom pris apparemment comme nom de famille, les saints Mairet ou Mairec.

En récompense de ses bons soins, la chèvre vit encore ; et elle s'associe à sa manière au culte rendu à ses nourrissons. Elle a même sa part moleste, il est vrai, mais bien méritée,

(1) J'emprunte ce qui précède à *la petite légende dorée* de M. Sébillot, p. 187. — M. Fouquet (*Légendes du Morbihan*, p. 63-66) a trouvé cette légende près de Josselin. Ne serait-elle pas originaire des cantons contigus où six de ces Sept-Saints sont patrons de paroisses.

dans les hommages populaires. Elle ne manque pas de venir chaque année, visiter la chapelle de Kergrist-Neuliac, la veille de la fête des saints. Aussi était-il d'usage de faire pour elle une litière de paille fraiche sous le porche de la chapelle. Depuis quelques années, cet usage a cessé. Mais la chèvre revient toujours. Notre confrère Kerantlec'h, bien que voisin, ne l'a jamais vue ; mais il pourrait nous montrer nombre de braves gens qui, plus heureux que lui, l'ont rencontrée sur les landes de Saint-Guen et de Saint-Connec courant vers la chapelle, la veille de la fête au soir.

Enfin, à Yffiniac, on a pu recueillir, en 1854, la légende qui suit : « Un seigneur, de retour d'une lointaine expédition, aurait, égaré par la jalousie, martyrisé dans ce lieu (auprès de la chapelle ou de la fontaine des Sept-Saints) ses sept enfants, tous d'une ressemblance frappante et vétus habituel-lement de la même manière (1). »

Si la légende a été exactement reproduite, il faut reconnaitre qu'au premier abord elle semble bien éloignée des autres. Ici ce n'est plus la mère, c'est le père qui résout la mort de ses enfants ; ceux-ci n'échappent pas à la mort, ne deviennent pas évêques. La légende a pourtant quelques points de contact avec les légendes qui précèdent ; l'un d'eux nous est révélé par ce détail puéril : « Ils étaient habituellement vétus de la même manière. » Qu'est-ce à dire ? Que tous les sept étaient du même âge ou jumeaux, comme ceux dont nous avons parlé.

De plus, les sept enfants martyrs de la démence de leur père sont les sept saints honorés primitivement dans la chapelle : autrement quelle raison avait-on d'indiquer la chapelle comme le lieu de leur mort ? Ne faut-il pas entendre qu'ils furent noyés dans la fontaine, comme les sept autres dont nous avons parlé ?

---

(1) *Les Côtes-du-Nord*, par Jollivet (1854) I, p. 60.
L'auteur semble ajouter quelque foi à cette légende. Il dit : « S'il faut en croire les légendaires… » Il aurait eu moins de confiance si, à St-Connec et à St-Guen, il avait retrouvé la légende des frères Mairec, et qu'il en eût rappro-ché celle d'Yffiniac.

Voici maintenant des lieux qui ne gardent pas le nom des Sept-Saints, mais où la légende semble garder d'eux un lointain souvenir.

Un auteur qui semble parler sérieusement écrit sans dire où il a puisé ce renseignement (1) :

« Sous le règne de Clovis, une petite colonie irlandaise, composée de sept frères et trois sœurs, vint chercher un asile sur le continent. Elle débarqua à l'embouchure de la Rance, croyons-nous..., elle édifia tout le pays par ses bonnes œuvres... Les sept frères, c'est-à-dire les sept saints, se nommaient Gobrien, Helen, Petran, Germain, Veran, Abran et Tressaint.

« Or, au pays de Dinan, on trouve les paroisses de Saint-Helen, de Tressaint, de Saint-Germain de la Mer, de Saint-Abraham au diocèse de Saint-Malo, et, dans le diocèse de Saint-Brieuc, les communes de Saint-Veran et de Trévérec, toutes les deux sous le patronage de saint Vran ou Veran.

« Nous pensons que cette famille a donné le nom de chacun de ses membres aux paroisses que nous venons de citer. »

Toute cette géographie est assez inexacte (2), et de cette légende apparemment recueillie aux bords de la Rance, et transformée en un renseignement historique, nous ne pourrons retenir qu'un point : les sept saints frères venus d'Irlande et évangélisant cette partie de la Bretagne.

Autre légende recueillie dans les mêmes parages.

On raconte à Lancieux que huit frères passèrent de

(1) *Les Côtes-du-Nord*, II, 73-74. Commune de St-Hélen, canton E. de Dinan.
(2) St-Germain de la Mer (aujourd'hui Côtes-du-Nord, Matignon), ainsi que St-Vran, autrefois St-Veran, aujourd'hui canton de Merdrignac, étaient comme aujourd'hui du diocèse de Saint-Brieuc ; — St-Helen, sur la route de Dinan à Saint-Malo ; Tressaint, encore plus près de Dinan, étaient du diocèse de Dol (aujourd'hui St-Brieuc). — La paroisse de St-Abraham (est-ce Abran ?) est au sud de Ploërmel, sur la rive gauche de l'Oust, autrefois diocèse de St-Malo, aujourd'hui de Vannes (et non de St-Brieuc, comme dit l'annotateur d'Ogée).
S'agit-il de saint Germain d'Auxerre qui accomplit, en effet, une mission en Armorique (M. de la Borderie, *Hist. de Bretagne*, I, p. 218), en 442-443 ? Il mourut le 31 juillet 448 ou 449. Comment dater sa venue du règne de Clovis, 480-511 ?

'Angleterre en Bretagne pour prêcher l'évangile. On les nomme Cast, Jacut, Cieux, Briac, Lunaire, Enogat, Malo et Servan.

Remarquez-le, ce sont les noms de huit paroisses voisines, sinon limitrophes. Les deux premières étaient du diocèse de Saint-Brieuc ; et des six autres situées au diocèse de Saint-Malo, quatre sont contigues ; enfin au dernier siècle, Saint-Servan n'était que la paroisse rurale de Saint-Malo.

Il semble permis d'admettre que Saint-Servan a été ajouté à la liste pour flatter l'amour-propre de la paroisse, peut-être pour ne pas ajouter un ferment de plus aux jalouses querelles des deux villes. Dans cette hypothèse, que je n'imagine pas, la légende primitive nommerait sept frères seulement venus d'Angleterre (1). Un seul d'entre eux fut évêque ; mais il suffit que les autres soient représentés comme évangélisateurs du pays, pour que nous puissions retrouver dans la légende un souvenir des Sept-Saints de Bretagne.

Enfin on conte ce qui suit à Saint-Cast : Sainte Blanche, que la légende fait originaire du lieu même, eut sept fils qui devinrent évêques et missionnaires du pays (2). — Ceux-ci, à la différence de la plupart des autres, ne viennent pas d'Angleterre ; mais leur nombre, leur qualité de frères, leur titre commun d'évêques n'autorisent-ils pas à rapprocher cette légende de celles qui précèdent ?

La plupart de ces légendes ont un fond commun qui n'échappera à personne.

N'est-il pas permis de retrouver dans ces fables comme un écho lointain de la vérité ? Nos Sept-Saints étaient *frères* en ce sens qu'ils avaient la même origine ; ils furent délaissés ou condamnés par leur *mère*, en ce sens qu'ils durent quitter la patrie envahie, devenue pour eux inhospitalière ; enfin, d'après une tradition acceptée historiquement pendant des siècles, tous les sept devinrent évêques.

Voilà les légendes substituées aux histoires des Sept-Saints

(1) C'est la pensée de M. Sébillot, auquel j'emprunte cette légende, *Petite légende dorée*, p. 28 à 30.

(2) M. Sébillot, *Id., Sainte Blanche*, p. 4.

de Bretagne, qui furent les apôtres et « les vrais pères de la nation bretonne en Armorique » !

N'est-il pas temps que l'histoire reprenne la place que l'ignorance et l'insouciance lui ont fait perdre ?... Mais ce n'est pas assez demander. Il y a plus et mieux à faire.

IX. — Conclusion.

Résumons-nous. De six chapelles dites jusqu'à ce jour *les Sept-Saints*, une seule est consacrée — et seulement depuis trente ans — aux Sept-Saints de Bretagne.

D'où vient cet injuste oubli de nos Sept-Saints, et ces bizarres substitutions de saints étrangers à nos saints nationaux si chers à nos pères ?

Une raison se présente tout d'abord à l'esprit. Le malheur a voulu que au lieu de dire, comme nos historiens, *les Sept-Saints de Bretagne*, l'usage dit par abréviation *les Sept-Saints*. Cette abréviation a effacé, si j'ose le dire, leur marque d'origine. Si on eût dit *les Sept-Saints de Bretagne*, l'ignorance ou la fantaisie aurait pu faire erreur sur leurs vrais noms, substituer un saint breton à un autre ; mais personne n'aurait eu l'idée — qui eût été bien saugrenue — d'aller chercher sept frères *étrangers* réunis dans le martyre pour les assembler dans un culte commun en Bretagne comme saints *bretons*.

Mais je n'ai parlé que des chapelles, des ruines de chapelles ou des souvenirs gardant encore le vocable des *Sept-Saints* ; or, d'autres chapelles originairement et jusqu'à la fin du XVIIe siècle consacrées aux *Sept-Saints de Bretagne* ont reçu depuis un autre vocable : un plus grand nombre vendues nationalement comme carrières ont été démolies ou tombées en ruines ont disparu. N'en resterait-il pas quelque trace ou quelque souvenir, surtout aux abords des vieilles voies romaines ? C'est une enquête à faire.

Mais est-ce tout que de rappeler le souvenir de nos Sept-Saints de Bretagne ?

A Quimper, leurs images ont été rétablies, à Erquy, ils sont honorés d'un culte collectif. Ces exemples donnés par les diocèses de Quimper et de Saint-Brieuc ne seront-ils pas suivis? Je ne puis me résigner à le croire; et, sous forme de conclusion à ce trop long et pourtant insuffisant travail, je prends la liberté d'émettre quatre vœux.

Le premier s'adresse à vous, Messieurs, et aux ecclésiastiques qui habitent les campagnes et dont plusieurs m'ont déjà fourni d'utiles renseignements. Le voici:

Que l'on recherche les *anciens vocables* des vieilles chapelles situées surtout le long des anciennes voies romaines et spécialement le long des voies ayant été le *chemin des Sept-Saints;* — que, ce travail fait, il soit dressé une liste générale des chapelles, fontaines ou lieux nommés *les Sept-Saints.*

Les trois autres vœux sont à soumettre à S. E. le Cardinal Archevêque de Rennes, Dol et Saint-Malo, et, à ce titre, successeur de saint Samson et saint Malo, à Nosseigneurs les Evêques de Saint-Brieuc et Tréguier, Quimper et Saint-Pol, enfin Vannes. Mais je n'ai pas qualité comme l'*Association Bretonne* pour soumettre ces vœux aux vénérables prélats: c'est à vous, Messieurs, que je les soumets:

1° Qu'à l'exemple de la cathédrale de Quimper, les six églises stations principales du pèlerinage aient une *memoria* (comme on disait anciennement), sinon un autel des *Sept-Saints de Bretagne.*

2° Que les chapelles gardant encore le nom des *Sept-Saints,* et celles qui seront reconnues comme ayant eu ce vocable, reprennent le vocable des *Sept-Saints de Bretagne,* et aient une *memoria* des Sept-Saints.

3° Que, dans les églises ou chapelles dédiées à *l'un des Sept-Saints,* le souvenir des six autres soit associé à celui du patron, par une *memoria* quelconque, fût-ce une simple inscription portant *les noms des Sept-Saints de Bretagne.*

Si vous approuvez ces vœux, je mettrai en toute confiance au pied de la requête aux vénérés successeurs des Sept-Saints de Bretagne la formule finale, quelquefois un peu hasardeuse, des requêtes auxquelles je répondais jadis: *Et ce sera justice.*

POST-SCRIPTUM

Depuis que ces pages sont écrites, une grande solennité religieuse a été célébrée à Saint-Pol-de-Léon, et des milliers de pèlerins bretons sont accourus au rendez-vous donné dans la vieille cathédrale (1).

Rendant compte de ces fêtes, des journaux ont montré « les pèlerins visitant dans la cathédrale le tombeau de Conan Mériadec, qui fut le fondateur et le premier roi de Bretagne ». Cette nouvelle a éveillé l'attention ; et voilà un sarcophage du xiiᵉ siècle, aujourd'hui bénitier, devenu une preuve nouvelle de l'existence et de la royauté de Conan huit siècles auparavant !.... (2)

Eh bien ! non : la fondation de la Bretagne ne fut pas l'œuvre du fabuleux Conan, et elle n'a pas été le prix de ces tueries d'hommes auxquelles les peuples attachent la gloire. Chassés de l'île de Bretagne, les Bretons durent chercher une autre patrie, et ils abordèrent aux rivages de l'Armorique comme émigrés et suppliants.

Aux vᵉ et viᵉ siècles, ils débarquent en petites troupes, conduits quelquefois par leurs princes, d'ordinaire par des prêtres et des moines. Parfois aussi, c'est un chef de monastère qui passe la mer avec ses moines, comme saint Brieuc débarquant avec plus de cent soixante frères.

Qu'ils soient venus comme chefs d'une troupe d'exilés ou seuls, les moines se mettent à l'œuvre. Ils s'emparent de la terre : elle est couverte de bois et inculte, ils la défrichent et l'ouvrent à la culture. Ils s'emparent de la population : elle est livrée pour la plus grande part à un grossier polythéisme : les moines prêchent l'Évangile qui fut alors et qui reste le plus puissant élément de civilisation. Ils réunissent les exilés et les Armoricains en petites colonies qu'ils nomment *plou*.

---

(1) Translation de la Sainte Epine et des reliques de saint Paul Aurélien, Laurent, Hervé et Joévin. Septembre 1897. — *Semaine religieuse de Quimper*, 10 septembre.

(2) Le tombeau de Conan à Saint-Paul fait pendant au tombeau de Pierrone, célébrée sous le pseudonyme de Perrinaic, tombeau qu'on disait, il y a deux ans, retrouvé dans l'église de Louannec, bien que (authentiquement), les cendres de Pierrone, brûlée à Paris le 3 septembre 1430, aient été jetées au vent.

Avec le temps les *plou* se multiplient, s'élargissent, se rapprochent, se groupent ; au milieu du vi^e siècle, le travail de groupement est assez avancé pour qu'il se trouve en Armorique quatre petits Etats. Voilà *notre* Bretagne fondée !

Donc l'Armorique a été conquise par les prêtres et les moines, nos *saints bretons* ; et parmi ces conquérants pacifiques brillent les *Sept-Saints de Bretagne.*

Or, des Sept, deux seulement ont été nommés à Saint-Pol, Paul Aurélien et Corentin, fondateurs des deux évêchés aujourd'hui réunis de Saint-Pol et de Quimper. Mais le mot *les Sept-Saints de Bretagne* n'a pas été prononcé ; et du culte collectif des Sept-Saints, du *Tro-Breiz*, pèlerinage *autour de la Bretagne*, pas un mot !

Un éloquent orateur, qui parle avec un égal talent les deux langues française et bretonne, s'est fait entendre en breton. Que nous eussions voulu qu'il rappelât ce grand acte de foi bretonne, le pèlerinage *des Sept-Saints ;* — qu'il montrât seigneurs et grandes dames et même un duc et un amiral de Bretagne suivant les vieilles routes avec le pauvre peuple : — qu'il dit aux pèlerins — ce qui est vrai : « Pas un de nous, « vieux Bretons, dont les pères n'aient fait le *Tro-Breiz !* Ils « ont prié sous ces voûtes ; mais le pavé de l'église, il a fallu « le renouveler, les genoux de nos pères, pieux pèlerins des « Sept-Saints, l'avaient usé. »

D'un mot, l'orateur aurait ravivé la mémoire et le culte de nos Sept-Saints !

Nous faut-il expliquer pourquoi nous avons pris la liberté de signaler le silence gardé à Saint-Pol sur les Sept-Saints et leur pèlerinage ? Il ne s'agit pas d'une critique malséante ; mais nous faisons de ce silence un argument en faveur des requêtes exposées plus haut : il montre en quel oubli est tombé le culte collectif de nos Sept-Saints. Plus cet oubli de la Bretagne envers ses Sept-Saints est complet, plus il est injuste, historiquement et religieusement, et plus il appelle la réparation que nous sollicitons.

J. Trévédy.

Ancien Président du Tribunal de Quimper,
Vice-pr. honoraire de la Soc. Arch. du Finistère.

338. — Saint-Brieuc, Imp. René PRUD'HOMME.

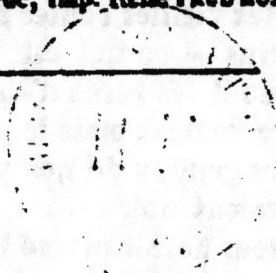

www.ingramcontent.com/pod-product-compliance
Lightning Source LLC
LaVergne TN
LVHW050303090426
835511LV00039B/1093